新形态一体化系列教材

U0664987

多媒体课件开发与制作

主　编　肖紫珍　刘仕昌　廖　婷
副主编　罗　娟　杨　琴　胡博宏
　　　　陈　莉　黄志丽　黄海华

中国言实出版社

图书在版编目（CIP）数据

多媒体课件开发与制作 / 肖紫珍, 刘仕昌, 廖婷主编
. — 北京 : 中国言实出版社, 2022.7
ISBN 978-7-5171-4255-3

Ⅰ. ①多… Ⅱ. ①肖… ②刘… ③廖… Ⅲ. ①多媒体
课件 – 制作 Ⅳ. ①G434

中国版本图书馆 CIP 数据核字（2022）第 124472 号

多媒体课件开发与制作

责任编辑：王战星
责任校对：代青霞

出版发行：中国言实出版社

地　　址：北京市朝阳区北苑路180号加利大厦5号楼105室
邮　　编：100101
编辑部：北京市海淀区花园路6号院B座6层
邮　　编：100088
电　　话：010-64924853（总编室）　　　010-64924716（发行部）
网　　址：www.zgyscbs.cn　　电子邮箱：zgyscbs@263.net

经　　销：新华书店
印　　刷：三河市海新印务有限公司
版　　次：2022年8月第1版　　2022年8月第1次印刷
规　　格：787毫米×1092毫米　1/16　14.5印张
字　　数：361千字

定　　价：56.00元
书　　号：ISBN 978-7-5171-4255-3

前言 PREFACE

随着计算机的普及和多媒体技术的发展，运用多媒体技术进行课堂教学已逐渐成为一种趋势。因而制作课件成为当前各科教师的一项基本功，现在应用最广泛的多媒体课件形式是PPT（PowerPoint），它简单易学，可以用来制作集文字、图片、图形、动画及影音等元素于一体的课件。

本书针对PowerPoint 2016的各项功能，应用其制作教学课件的应用场景和效果进行讲解，利用案例操作渗透相关的理论知识。每个项目都包含基础知识、项目实例、项目拓展，其中基础知识部分简单介绍课件制作专业知识和PowerPoint软件的功能；项目实例部分以实际案例操作巩固章节知识；项目拓展部分以案例的方式讲解对章节知识点的拓展应用，让读者在实践中掌握如何利用PowerPoint制作课件，达到边学边练的效果。

专业教育不仅是教授知识或技能，更应有利于国家、社会和人们自身的发展与成长。因此，本书不仅讲解专业知识，更帮助学生在自身成长过程中修身立德、培养实践能力，做到德才兼备。这既是人才培养的基本要求，也是课程思政育人的重要目标。所以，本书的所有内容都紧紧围绕这一重要目标，结合行业特点和学科专业特色，优化内容体系，系统地进行理想信念教育、社会主义核心价值观教育、中华优秀传统文化教育、职业道德和劳动素养教育、生态文明教育、宪法法治教育等。

本书在编写过程中参阅了很多资料、文献，在此向所有相关作者致以衷心的感谢。由于编者水平有限，本书如有不足之处，恳请广大读者批评指正，并提出宝贵的意见和建议。

编 者

目录 CONTENTS

初识
多媒体课件

课程介绍

随着科技的发展，虚拟现实技术实现了教育发展的飞跃，多媒体课件就是虚拟现实技术的一个辅助工具。多媒体课件以其生动的画面、形象的演示，有效提高了教学质量。在学习如何制作多媒体课件之前，我们需要先了解什么是多媒体课件。本章包含了什么是多媒体课件、多媒体课件的制作流程、优秀多媒体课件的关键要素等主要内容，并通过案例和练习，帮助读者初步掌握设计多媒体课件的方法。

学习目标

- 了解多媒体课件的概念、类型和特点
- 认识并理解制作多媒体课件的流程
- 理解制作多媒体课件的原则和要素
- 学习如何设计脚本
- 能够在实践中根据需求编写课件脚本

课程思政目标

多媒体课件作为课堂教育的关键辅助技术，往往具有丰富的表现力、良好的交互性和极大的共享性。在认识多媒体课件的同时，我们必须从价值、认知和方法三个维度对其进行综合把握：

- **价值维度：** 多媒体课件展示中直观且立体地体现教育意义尤为重要。
- **认知维度：** 在各个知识点的例证上渗透社会主义核心价值观。
- **方法维度：** 逻辑严谨，落实落细。

第一课　多媒体课件概述

一、多媒体课件的概念

多媒体课件是指将文字、图形图像、音频、视频、动画等多种媒体元素为融合为一体的教学软件。它可以将学习内容动态化，使教学内容生动、形象地展示出来，增加课堂教学气氛，激发学生的学习兴趣，拓宽学生的知识视野，从而提高教学效率。

二、多媒体课件的特点

多媒体课件在教学中所占的重要地位日益显现。在现代化教学过程中，它是值得推广和普及的一种教学手段，其特点主要表现为以下三个方面。

（一）丰富的信息资源

多媒体课件具有高度的集成性，不仅可以更加自然、逼真地表现多姿多彩的视听世界，还可以对宏观和微观事物进行模拟，对抽象性、无形性事物进行生动、直观的表现，在教学中可以创设丰富的情景。这样，就使原本艰难的教学活动充满了魅力。

（二）灵活的操控性

多媒体课件呈现教学信息的方式、顺序可以灵活地控制。通过超链接的方式组织教学内容，符合人类的非线性思维特点和认知规律，不同学习者可以根据自己的认知特点重新组织信息，按不同路径开展学习，随机通达目的地。多媒体课件不但可以在内容的学习使用上提供良好的交互控制，而且可以运用适当的教学策略，指导学生学习，更好地体现出因材施教的个别化教学特点。

（三）教学资源共享性

随着互联网络技术的发展，多媒体信息能自由传输，实时共享。以网络为载体的多媒体课件，实现了教学资源的共享。多媒体课件在教学中的使用，改善了教学媒体的表现力和交互性，促进了课堂教学内容、教学方法、教学过程的全面优化，提高了教学效果。计算机网络技术的发展，多媒体信息的自由传输，使多媒体课件可以让学生与学生之间、学生与教师之间、教师与教师之间相互交流，从而使每一个学生或教师能够同时拥有无限的信息来源，以便实现教学信息交流，资源的高度共享。

三、多媒体课件的类型

根据教学内容需要，按照表现方式的不同，多媒体课件可以分为演示型、练习型、模拟型、游戏型等。

演示型课件多以传授新知识为主，教师利用多媒体课件呈现教学中的新概念、例子、原理等。

练习型课件的主要特点是教师与学生互动，例如向学生提出问题，当学生输入答案或做出回应后，根据答案给予相应的反馈，以便其巩固学到的知识和技能。

模拟型课件通过模拟教学内容所对应的真实现象，如实验、自然社会等，可以解决许多因真实模型带入课堂的成本过高、危险性或很难实现的问题，帮助学生进行观察、操作与思考。

游戏型课件通过游戏形式和学生互动，将教学和娱乐融为一体，使学生在娱乐的过程中巩固所学内容。

下面我们来看一组案例，并分析下面的课件页面分别是哪种类型，如图 1-1 所示。

（a）

（b）

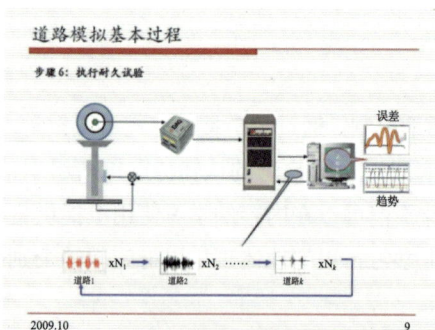
（c）

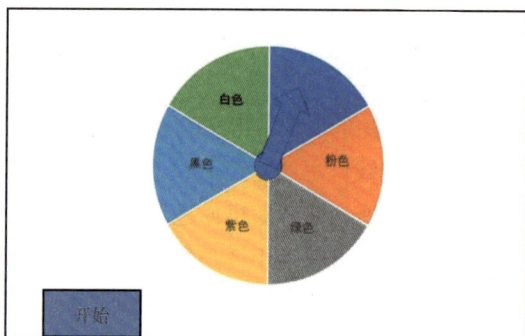
（d）

图 1-1　课件类型对比

四、多媒体课件的制作工具

要将多种媒体元素整合应用到课件中，需要借助一定的技术工具或平台来进行开发制作，多媒体课件制作常用的软件有 PowerPoint、AuthorWare、几何画板、Flash 及 Animate 等。

（一）PowerPoint

PowerPoint 是 Office 办公软件之一，是目前使用最为广泛的多媒体课件开发工具。该软件制作的演示文稿被广泛地应用于学术报告、会议等场所。PowerPoint 最大的特点是界面友好、简单易学，用户可以快速上手并制作出效果极佳的课件。与此类似的国内金山演示 WPS 软件近年来也备受青睐。

（二）AuthorWare

AuthorWare是由美国的Macromedia公司推出的一款基于图标（Icon）和流线（Line）的多媒体创作工具，具有丰富的交互方式及大量的系统变量的函数、跨平台的体系结构、高效的多媒体集成环境和标准的应用程序接口等。在该软件中，只需使用流程线连接各个图标，便可以制作出一些使用编程软件才能达到的课件交互效果，从而使非计算机专业的学科教师也能够进行多媒体课件的高级开发，制作出高水平的多媒体课件。该软件的不足之处为动画制作难度大，所需存储空间大，不利于传播。

（三）几何画板

几何画板是由美国Key Curriculum Press公司研制开发的。其形象直观，可方便、快捷地绘制各种几何图形，动态地展现出几何对象的位置关系、运行变化的规律，能够使数形结合的准确度高。另外，其操作简便，只需熟悉简单的操作便可自行设计和编写课件内容。几何画板比较适合数学、物理等学科的多媒体教学。

（四）FLASH

FLASH是目前制作动画的主流软件，它能够很好地支持声音，具有交互功能。FLASH制作的课件特别适合表现现实中难以实现的、抽象的概念或现象，如子弹飞行的轨迹图、原子裂变效果等。FLASH文件的体积很小，利于网络传播。

随着科学技术的飞速发展，技术对教育的影响也必将更为深刻。近年来，涌现了大量的新型课件开发工具或平台，如VR技术、虚拟实验平台、学科资源库等，大大丰富了多媒体课件的制作手段。

第二课　多媒体课件设计与制作

多媒体课件与普通课件的制作顺序大体相同。在整理教学思路的基础上，多媒体课件设计与制作流程可大体分为以下六个环节。

一、课件选题

在制作多媒体课件之前，教师要充分做好选题论证工作，这样才能在制作时避免不必要的投入。对于比较抽象、难以理解、教师用语言不易描述、某些规律难以捕捉、需要学习者反复练习的内容等，在条件允许的情况下，都有必要实施计算机辅助教学，也就是说，课件选题要从必要性和可行性出发，以满足教学需要、发挥多媒体优势为前提。

二、教学设计

课件的教学设计是多媒体课件制作中的重要环节。课件效果的好坏、是否符合教学需求，关键在于教学设计。优化教学设计就是设计者根据教学目标和学习者的特点，运用系统论的观点和方法，分析教学中的问题和需求，确定解决问题有效的步骤，合理选择相应的教学策略和教学媒体资源并保证其形式与呈现方式必须符合教学媒体的使用规律和信息传播理论。

不同类型、不同使用目的，教学设计过程中的具体方法和步骤会有所不同，但就其设计的结果来说都必须确定教学目标、选定教学策略、选择设计信息媒体和制定学习评价标准等，这是课件教学设计的基本问题。

（一）确定教学目标

教学目标为每个教学单元或每节课的教学活动指引方向，课件的教学目标应该是具体的。具体有两方面的含义：

（1）目标应围绕"学生在使用课件后能干些什么"或"学生是什么样的"来描述，而不描述"学生将学习什么"。

（2）必须明确课件与整个课程间的关系，这一点对课堂用CAI的使用尤为重要。因为在课堂教学中使用课件是课堂教学设计过程中的一个环节，课件相当于一种媒体在某一教学活动中起某种作用。在这种情况下，课件的目标必须服务于课程教学的整体目标，课件的设计要融入课堂教学过程的整体设计。

其次，课件的教学目标应是有层次的。按照教育目标分类学，认知领域的教学目标分为知识、理解、应用、分析、综合和评价等六个层次。目标层次与内容复杂程度相对应。

最后，课件的教学目标应是有针对性的。应考虑到学生已有的知识基础、能力水平、学习和生活的经验乃至社会文化背景等，以使课件具备促进有效学习的作用。

（二）选定教学策略

选定教学策略是根据具体教学目标、学生学习特点及选题内容的综合考虑，选择并确定课件教学方法和教学模式。对于辅助课堂教学讲授环节的课件，要在充分了解教师对整个课堂教学设想的基础上进行课件教学策略的选择。如果教师采用启发法，那么课件设计就应配合这种教学方法，如利用CAI课件创设一种问题情景，以便于教师对学生进行启发和引导，这时课件不给出结论性的内容，只给出启发思维或思考的线索、场景等；如果教师采用讲解法，为了突出重点、化解难点或深化学生的思考与理解，或者提供感知教材以便建立学生的共同经验等，就可以采用演示和模拟的教学模式，生动形象演示事物对象，展示其过程，揭示其规律，提供观察的材料和思考的问题情景等。可见，在教学策略确定后，可以形成课件的总体结构模型。

（三）选择与设计信息媒体

根据选题过程的分析、教学目标制定的情况和教学策略选择的结果，确定采用何种信息媒体来表达教学内容。在多媒体课件中，表达信息的媒体主要有文字、图形、动画、图像、活动影像、音频等。一般应根据学科特点、内容分析和教学需要，按照教学目标和教学对象的特点来选择媒体，合理地设计课件中文字、声音、图形、图像、动画等各种信息媒体的运用形式，恰当地表现各种教学信息，以促进教学目标的达成。实践证明，根据教学内容的特点、教学目标的性质、学习者的学习特性，确定表达教学信息的媒体类型，并且运用媒体与教学内容、教学目标、学生学习特性相协调，并能够有机结合使教学结构优化，使多媒体课件达到更好的助学效果。

（四）制定学习评价标准

要获得对学生学习效果的及时评定和强化，必须根据教学目标制定对学习者的标准和评定的方法。学习者学习结束后，课件要使用适当的评价来衡量学习者是否完成学习任务，既可强化学生对新知识的理解，又可帮助学生有效达到学习目标。

（五）形成脚本

脚本是按照教学过程的先后顺序来描述每一环节的教学设计结果的一种形式。一般情况下，脚本的编写由学科专业教师来完成。完整的文字脚本一般包括三部分：脚本说明、知识结构流程图和脚本卡片。

1. 脚本说明

完整的脚本说明要包括如下的内容。

（1）课件设计登记卡。登记卡给出课件设计的基本概貌。

（2）课件开发目的说明。主要指出课件对学生的学习具有怎样的意义。

（3）学生学习特性说明。主要指出学习者关于课件选题内容的原有认知结构和认知能力，以及学习者的认知阶段、对本课程的关心程度等。

（4）教学目标及其分析说明。教学目标一般应包括知识掌握、能力培养、品格形成等三方面的目标。

（5）教学策略说明。主要指出为达成知识、能力、品格等三方面的教学目标，对教学内容、教学方法、学习过程、媒体信息使用等进行选取、设计、组织与安排的原则和思想。

2. 知识结构图

知识结构主要指课件选题中各知识点之间的相互关系及其联系形式，通常用逻辑框图描述，因此也被称为知识结构图。它是学科教师在具体制定教学目标的过程中，对课件选题内容进行详细分析的结果，展示了知识内容间的层次、顺序及相互间的逻辑关系。

3. 脚本卡片

脚本是一种记录和描述课件教学设计结果的形式，脚本卡片是脚本基本单元，一个脚本由一系列按教学过程先后顺序综合排序的脚本卡片组成。脚本中主要包含两类信息：教学信息和对课件形式的有关要求与指示。教学信息一般包括学科知识、启发引导、设问应答、教学构思或创意信息、媒体信息类型等。对课件形成的有关要求与指示包括，关于图形、动画、声音、文本的呈现方式及顺序方面的要求，人机交互、使用操作方面的要求等。

文字脚本编写完成后，课件教学设计阶段的工作就完成了，后续工作一般由课件制作的专业人员来完成。

三、制作大纲脚本

大纲脚本是多媒体课件设计、制作和使用的联结纽带，也是多媒体课件制作的直接依据。

制作大纲脚本需要具体到每一幻灯片页面，包括信息内容、界面设计和呈现方式等。

编写大纲脚本实际上就是将设计课件内容和形式的过程以书面的形式呈现出来，有文字式和卡片式两种方式。

文字式：相当于简单的教案，通过文字描述所有内容，见表1-1所示。

表1-1　文字式

课件名称	
课件目标	
创作平台	
创作思路	
课件结构图	

卡片式：具体说明每一页PowerPoint页面的内容，见表1-2所示。

表1-2　卡片式

页面序号	页面内容简要说明
页面内容	描述页面的简要布局，例如图片、文字、视频等。请使用示意图的方式来描述
说明	描述"页面内容"中无法呈现的操作方法和互动内容

四、素材收集

素材是多媒体课件中的基本元素，包括文字、图像、声音、动画、视频等。在多媒体课件的开发过程中，准备素材往往要占用设计者很大的工时，其中最主要的工作就是获取素材。一般通过以下三种渠道获取素材。

（1）从素材库中直接获取（上网下载、购买素材光盘等）。

（2）自己采集制作所需素材（使用数码相机、录音设备等）。

（3）通过其他渠道获取素材（使用抓图软件抓取计算机屏幕上的图像、从VCD中截取一段视频或声音等）。

五、多媒体课件开发

多媒体课件开发是多媒体课件制作的重要环节，它是指选择适当的多媒体课件开发工具，根据大纲脚本的设计要求，将制备好的多媒体素材整合起来，制作成界面友好、操作简单、导航清晰、交互性较强的多媒体课件。

六、调试、发布及评价

为了保证课件能够正常的运行，需要对制作好的课件进行调试。首先应对课件的不同部分进行测试。其主要目的是检测课件中的文字、图片显示是否正确，动画是否流畅，链接是否快捷、准确等。其次要对课件进行环境性调试。因为不同的用户可能要在不同的软、硬件环境下使用同一个课件，所以需要对课件在不同的硬件配置的计算机上、不同的操作系统和不同的应用软件中进行测试。

制作多媒体课件的最终目的是要将其应用于教学，因此对于通过了测试的课件要及时地发布出去。可根据课件的大小和需要将所制作的课件拷贝到U盘或制作成光盘，使其变成一个可以脱离创作环境、便于使用的教学软件。

多媒体课件的评价包括形成性评价和总结性评价。形成性评价贯穿课件开发的整个环节，只有通过评价才能进入下一个环节，否则就需要不断地对其调整、修改完善。当课件制作完成后，对课件的评价就是总结性评价，总结性评价是对多媒体课件质量总的评定。

第三课　项目实例

本课分析"大学生的理想和信念"这一课的教学设计。

案例教学设计

【课程目的和要求】
正确理解理想信念的含义和特点及理想与信念的关系。明确理想信念对大学生成长成才的作用和意义。

【课程要点、难点】
掌握理想、信念的含义及特点；弄清楚理想、信念的关系；深入理解理想、信念对大学生成长成才的意义。

【课程方式】
多媒体课件

【学时】
1课时

【课程内容分析】
理想信念是人们对未来美好事物的向往、追求及由此确定的坚定不移的精神状态，是人们世界观、人生观、价值观在奋斗目标上的集中体现，是思想和行动的"总开关"。大学生是中国特色社会主义事业的建设者和接班人，也是中华民族伟大复兴的践行者和实现者。他们能否树立科学的理想信念直接关系着党和国家的前途命运。党中央在《关于加强和改进思想政治工作的若干意见》中明确指出，理想信念是思想政治工作的核心，是思想政治教育的"灵魂"。国务院在颁布的《关于进一步加强和改进大学生思想政治教育工作的意见》中也明确指出："加强和改进大学生思想政治教育的主要任务，要以理想信念教育为核心。"因此，对当代大学生进行理想信念教育，始终是高校大学生思想政治教育的核心问题，也是高校学生工作的重中之重。

当前大学生理想信念还存在着一些不容忽视的问题，比如政治信仰模糊、价值取向功利化等。对大学生的理想信念教育从来没有停止过，学生思想中为什么还会存在这么多的问题？原因固然是复杂的，但有一点可以肯定，即这些问题的产生与大学生理想信念教育本身存在的问题密切相关。正因为当代大学生理想信念及理想信念教育方面存在着很多问题，因而有必要对这些问题进行深入讨论，并探讨解决问题的对策。

一、大学生理想信念教育的意义

(一)理想信念的内涵

理想作为一种精神现象,是人类社会实践的产物。信念同理想一样,也是人们对社会现实的某种反映。理想信念并不纯粹是主观世界的产物,它源于现实又高于现实,是对现实的超越,反映着人们一定的追求和期望。

(二)大学生理想信念教育的现实意义

理想信念教育是凝聚全社会、全民族力量的法宝,是建设社会主义现代化的要求,更是实现中华民族伟大复兴的中国梦的根本保证。总体而言,当代大学生的理想信念状况是积极、健康、向上的,他们对祖国的前途是十分关心的,认识到个人的命运与国家的发展是紧密相关的。但是,我们也应清醒地认识到,伴随着改革开放进程的日益深入和我国市场经济的发展及高校教育体制的不断深化,潮水般涌入的各种文化思潮和价值观念冲击着大学生的思想,某些腐朽落后的思想也侵蚀着大学生的心灵。如果不加以正确的思想引导,在一定条件下,这些问题就有可能成为影响社会和谐的因素。近年来,随着大学生理想信念教育重要性的日渐凸显,高校思想政治教育工作者在承担思想政治教育任务的同时,结合各自的工作实践,对大学生理想信念教育问题也开始展开了多层次研究和整体的评估、分析。

二、目前大学生理想信念方面存在的问题及成因分析

(一)大学理想信念方面存在的问题

从教育部组织的相关调查报告中,我们可以了解到,当代大学生是热爱党、热爱祖国、热爱人民的一代,是充满理想、大有希望、值得信赖的一代,他们能够在新的历史起点上,承担起中华民族伟大复兴的历史使命;但同时也反映出,在一部分大学生中也存在一些突出的思想问题。这些问题归纳起来主要有以下三类。

(1)政治信仰迷茫,对社会主义、共产主义的信仰不坚定。改革开放以来,西方的各种学术和社会思潮对当代大学生的理想信念产生了重要的影响,加之现实和理论之间大量对立现象的存在使大学生思想上产生了动摇,在政治理想上感到迷惑、彷徨,没有明确的政治理想和目标。

(2)重视物质利益,淡化理想信念。经济体制的变革,以及高校人文教育和人文精神的缺失,导致了青年意识的觉醒,缺乏探索真理的思想和坚强意志。有的大学生淡化了对远大理想的追求,贪图物质享受,不思进取,崇尚金钱,出现了信仰危机。

(3)注重个人利益,社会责任意识淡化。当代大学生在价值判断上大多都认同奉献精神、社会责任感、国家和集体利益,但在实际行动中,却更注重个人专业学习、自我发展、自我实现,对自己应当承担的社会责任关心不够,缺乏必要的奉献精神和集体意识。

(二)大学生理想信念方面存在问题成因分析

(1)部分大学生缺乏"四个自信"。伴随经济全球化的深入发展,西方敌对势力对我国进行意识形态的渗透和实施"分化"的意图从来没有中断过,国与国之间综合国力的竞争也日益加剧。在这种残酷、激烈的竞争形势下,发达资本主义同社会主义展开了激烈的博弈,而资本主义在此过程表现出的顽强生命力,使有些人开始缺乏对社会主义的道路自信、理论自信、制度自信和文化自信,这在一定程度上动摇了当代大学生的政治理想信念。

(2)家庭教育失衡与学校教育错位造成的不良影响。家庭教育和环境对大学生理想信念的形成有着重要的影响。长期以来,多数家长往往只注重自己孩子的学业成绩,忽视其思想品德的培养。尤其是忽视了对其情感、意志、行为的培养,没有引导他们在学习知识的过程中,不断了解社会,理解人生,逐步确立对道德知识和道德理想的感性认识。学校在理想信念教育问题上也存在某种程度的本末倒置的现象,使大学生理想信念教育产生错位,进而导致大学生理想信念上存在着知行分离和对远大理想追求的缺失。

（3）当代大学生自我意识较强。大学生所处的年龄段，是其心理发展水平处于即将走向成熟但还没有完全成熟的特殊阶段。从思维发展的角度来看，他们的独立性、批判性大大加强，已不再满足于被动的灌输，喜欢用批判的眼光审视周围的事物，注重突出自己的思想观点与方法方式。但如果不进行有效引导，极易使他们产生逆反心理，乃至对正确的理论、观点也产生厌倦，这对理想信念教育的开展是非常不利的。

三、当代大学生理想信念教育的对策思考

理想信念的形成是一个不断发展成熟的过程，主要是通过学校教育、家庭教育、社会教育逐步形成，也是一个潜移默化的认知过程和情感过程，颇似"随风潜入夜，润物细无声"。

（一）营造理想信念教育的社会环境

首先，建设良好的社会风气。良好的社会风气，对人们的思想和行为起着一定的积极导向作用，有助于当代大学生选择正确的政治方向，有助于增强他们对党和国家的信任。

其次，构建积极向上的精神文化。精神文化是社会大众共有的文化观念和意识形态集合，它可以引导人们将外在的责任与内在的德行、群体的发展和个体的需要联系在一起，形成共同的理想信念。

最后，加强党的自身建设。党的先进性、纯洁性和廉洁形象、党员的先锋模范作用，对人们坚定理想信念有着极大的感召力。只要党的自身建设搞好了，不管形势怎样变幻，都阻止不了我们树立社会主义理想信念，从而为当代大学生坚定理想信念创造良好的环境，为大学生理想信念教育的开展提供良好的氛围。

（二）营造理想信念教育的学校环境

首先，加强校风、学风建设。良好的校风、学风是教育和管理的条件之一，在具体的教育过程中发挥着同化力、促进力及约束力的特殊功能，是一种强大的精神力量，可以给予理想信念教育强大的精神支持。营造积极向上、科学进步的校风，加强高校教师队伍的教风建设，改善学生的治学精神和态度，是高校理想信念教育开展的精神保障。

其次，注重校园特色文化建设。加强人文环境的建设，突出人文环境的特色，以独特的人文气息、幽雅的景观环境将校园环境的文化品位提升到新的高度。良好的文化氛围可以陶冶学生的情操，净化学生的心灵。校园内独具特色的文化载体，可以给学生以强烈的心灵震撼与共鸣；赏心悦目的校园自然环境和人文景观，让学生更加真切地体会到校园生活赋予的归属感。

再次，加强校园文化活动建设。高校的传统文化活动对于活跃学校气氛、丰富校园生活、增进师生感情、增强集体凝聚力，都有独特的作用。针对学生的特点和学校的需要，定期组织举办校园文化活动，引导校园文化的走向，继承学校的优良传统，鼓励学生组织和社团开展高品位、多样化的文化活动，以形象性和渗透性艺术文化活动传递理想信念教育的内涵。

（三）营造理想信念教育的家庭环境

家庭是人生的第一所"学校"，是加强大学生理想信念教育基础和源头。父母是人生的第一任教师，是每个人人格塑造、习惯培养的第一榜样。文明健康的家风、从德向善的家规，能让他们在耳濡目染、潜移默化中受熏陶，在点点滴滴的渗透中受教育；有浓厚的学习氛围，家庭成员则易养成较高的人生追求，积极进取、工作认真，有社会责任感；有和谐的家庭风气，家庭成员之间和睦相处、互敬互爱则能给予人良好的精神熏陶。

理想指引方向，信念决定成败。大学生的理想信念教育是思想政治教育的核心内容，不仅关系到大学生的健康成长和全面发展，而且关系到中国特色社会主义建设事业和中华民族的伟大复兴。梦在前方，路在脚下。我们每一个青年大学生都应当坚守理想信念，常补精神之钙，志存高远、振奋精神，真正成为共产主义远大理想和中国特色社会主义理想的坚定信仰者和忠实践行者，为实现中华民族伟大复兴的中国梦而努力奋斗。

对多媒体课件进行初步的构思，编制脚本及具体内容见表1-3至表1-11。

表1-3 "大学生的理想和信念"课件脚本

课件名称	大学生的理想和信念
教学目标	（1）认识理想和信念的含义 （2）了解理想和信念对大学生的重要性 （3）学习如何建立科学、健康的理想和信念
创作平台	PowerPoint 2016
课件结构大纲	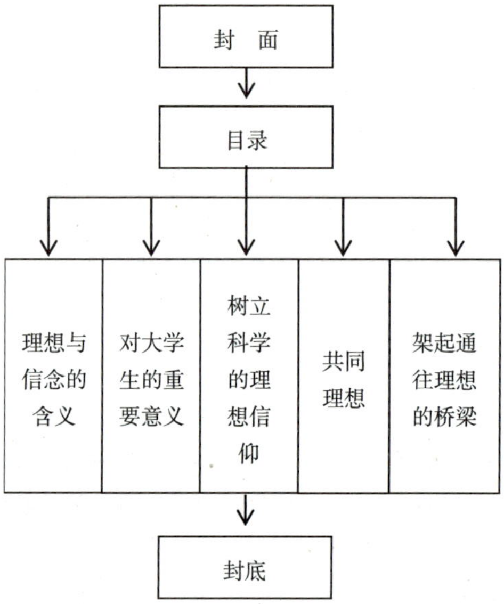

表1-4 封面

页面序号	1
页面内容	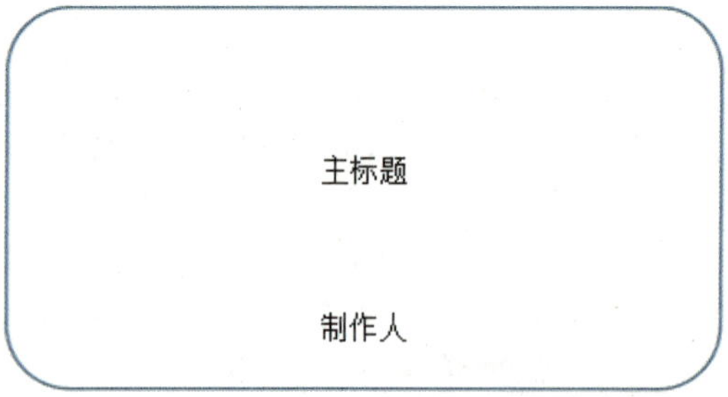
说明	（1）幻灯片展开，背景、主标题、制作人的文字内容依次出现 （2）单击鼠标切换到下一页

表1-5 目录

页面序号	2
页面内容	 目录
说明	（1）目录文字依次出现 （2）导航按钮以动画的方式进入页面 （3）单击鼠标切换到下一页，也可通过导航按钮进入对应的页面

表1-6 理念与信念的含义

页面序号	3
页面内容	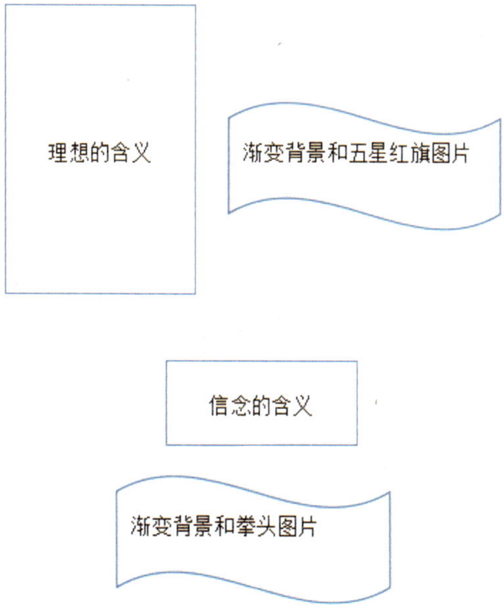 理想的含义　渐变背景和五星红旗图片 信念的含义 渐变背景和拳头图片
说明	1.理念的含义 （1）渐变背景、五星红旗图片和理想的含义内容依次出现 （2）单击鼠标切换到下一页 2.信念的含义 （1）渐变背景、拳头图片和信念的含义内容依次出现 （2）单击鼠标切换到下一页

表 1-7 对大学生的重要意义

页面序号	4
页面内容	
说明	1.图片依次出现 （1）问题、文本和韩信图片依次出现 （2）单击鼠标切换到下一页 2.播放视频 （1）单击视频中的播放按键播放视频 （2）单击鼠标切换到下一页

表 1-8 树立科学的理想信仰

页面序号	5
页面内容	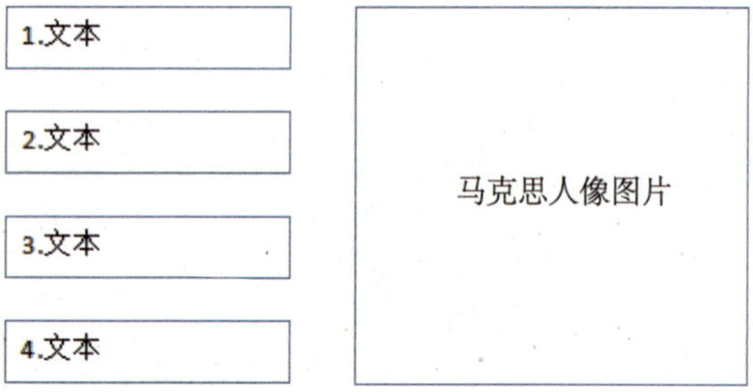
说明	（1）文本逐条出现，单击出现马克思人像图片 （2）单击鼠标切换到下一页

表 1-9　共同理想

页面序号	6
页面内容	树立中国特色社会主义的共同理想 1.文本　　　2.文本　　　3.文本　　　发展开放相关图片
说明	（1）文本逐条出现，单击出现改革开放相关图片 （2）单击鼠标切换到下一页

表 1-10　架起通往理想的桥梁

页面序号	7
页面内容	文本　　　文本 桥梁动图 卓越人才成长之路视频
说明	1.动图、文本出现 （1）桥梁动图直接出现，文本逐条出现 （2）单击鼠标切换到下一页 2.播放视频 （1）单击视频中的播放按键播放视频 （2）单击鼠标切换到下一页

表 1-11 封底

页面序号	8
页面内容	铃铛图片 鸣谢！ 下课
说明	（1）幻灯片展开，"鸣谢"的文字内容和铃铛图片依次出现 （2）单击鼠标切换到下一页

第四课 项目拓展

一个优秀的多媒体课件不是一定要有复杂的技术、眼花缭乱的界面效果和动画效果。决定其优秀的关键要素主要有以下四点。

一、目标明确

多媒体课件的意义是利用科技手段来实现更优化的教育形式，达到让学生更好地理解和掌握知识的目的。所以多媒体课件的第一要素是保证所表达的内容正确无误、逻辑严谨，应当符合现代的教学理念，避免学生对教学内容产生误解。

多媒体课件是常规教学的辅助，不能代替备课和教案。应当避免在制作课件的时候图省心省力，将很多不必要的内容堆砌在一个课件中，试图代替教案的行为。这样容易导致教师被课件牵着走，限制了其自由发挥的空间，使得课件在教学时无法发挥其真正的作用。

二、形式合理

多媒体课件的作用是激发学生的学习热情和更好地巩固教学知识。课件是教学辅助手段，要多用概念图和思维导图的形式组织教学内容，用图片或动画的形式表现抽象的内容，少用文字，以使课程和演示相得益彰。此外，还可以适当地运用特效及动画等功能，使演示效果更加丰富多彩。避免将教学内容原封不动地从书本中转移到课件中来，这样会适得其反，束缚教师的教学思路。

辅助教学不等于炫技，课件不一定非要有动画、视频等信息。如果为了展现动画而使用动画，不仅会干扰学生的注意力，还容易导致课件内容偏题，从而忽略了教学的实际内容。

三、逻辑清晰

教学逻辑对于教学效果而言是重中之重，所以制作多媒体课件构思教案时，要注意考虑学生对课件及教学内容的了解程度，避免出现教师一张一张地放映幻灯片，而学生在应接不暇的视觉冲击中不知所措、对学习内容了解得非常混乱的现象。通常一个PPT课件会包括10—30张幻灯片，有封面页、结束页和内容页等。制作的过程中尽量遵循大标题、小标题、正文、注释等内容层级结构。通常用流程图和矩阵分析图等可以帮助教师排除情绪干扰，进一步理清思路和寻找解决方案。通过运用分析图表法可以使教师的表述更清晰，也更便于学生理解。

四、美观大方

美观的课件，多以简洁为美，将重点放在教学内容的传播上，减少不必要的技术堆叠。而且课件的整体要保持统一、规范，突出主题，构图均衡，将重点内容放在显著的位置，以便学生一眼就能够看到。

要使制作的PPT课件美观大方，具体可以从色彩和布局两个方面进行设置。

色彩是一门大学问，也是一个很感观的东西。教师在设置色彩时，要运用和谐但不张扬的颜色搭配，可以使用一些标准色，因为这些颜色都是大众容易接受的颜色。同时，为了方便辨认，制作课件时应尽量避免使用相近的颜色。

PPT课件的布局一般有轴心式布局、左右分布布局和上下分布布局，分别对应不同的页面内容分布。除此之外，了解以下四个布局技巧，可以让课件更上一层楼。

（一）对比

整个页面上所使用的元素不要有太过于相似的地方。我们需要通过制造对比关系来产生视觉重点，以引导人们阅读。

（二）重复

关键的视觉单位要素要在整个PPT课件中重复出现。其目的就是增加整个PPT课件的条理性，加强其中的统一性。

（三）对齐

所有元素都不应随意地放在页面内，每个元素都需要与页面上的另一种元素存在视觉上的联系。其中最基本的要求就是整齐，通常所见的对齐方式有居中对齐、左对齐和右对齐。

（四）亲密性

有联系的内容应当归成一组，将多个相关元素合并成一个视觉单元。这样有助于我们把控整个结构的构造，以突出重点内容的表达。

微 实 践

一、填空题

1. 多媒体课件制作常用的软件是_____、_____、_____及几何画板（数学老师常用）等。

2. 根据教学内容需要，按照表现方式不同，多媒体课件可以分为演示型、练习型、_____、_____等类型。

3. 多媒体课件的评价包括_____和_____。

二、综合实训题

假如你是一名小学5年级的道德与法治课老师，你发现学生对于课程内容难以提起兴趣，因此准备制作一个多媒体课件来总结道德与法治课程的重要性以引起学生的注意。请你设计一下这个课程的脚本，其内容包括"我学习我快乐""家庭因我而美丽""共享友爱时光"3个模块。

注意：设计此多媒体课件的目的是引起学生对课程的重视和兴趣，请以卡片式方式来编写脚本。

扫一扫 学一学

孤芳"字"赏

课程介绍

多媒体课件的主要功能是向学习者传递信息，而信息的主要表现形式就是文字，文字在多媒体课件中起着描述讲解内容的作用。

本章详细讲解多媒体课件中文字的输入、文字的编辑、文字的格式设置、文字的美化及艺术字的使用。读者通过学习能够熟练掌握课件中各种文字的操作方法，能够通过文字详细、准确地表达制作者的思想和观点。

学习目标

- 学习在PowerPoint中输入文字、设置文字格式的方法
- 掌握美化文字的方法和要素
- 了解数学符号和公式的输入方法
- 学习美化调整课件中页面的整体段落格式

课程思政目标

文字表达能力是一切信息传递的基础，是普及文化教育、发展科学技术、提高工作效率的一项基础工程，对社会主义物质文明和精神文明建设具有重要意义。当学习如何在多媒体课件中添加文字的方法时，我们应牢记多媒体课件教育的现实意义。

- 实现语言文字的规范化、标准化。
- 避免来自媒体上的某些不正确、不规范文字运用对文化教学的冲击。
- 宣扬中华文字中的象形与会意的历史精神。

第一课 文字的输入与编辑

在 PowerPoint 2016 中，最常用的文字输入方法是使用【文本占位符】直接输入和使用【文本框】输入，也可以使用【大纲】窗格输入。下面具体讲解在幻灯片中文字的输入方法。

一、使用【文本占位符】输入文字

幻灯片中的【文本占位符】已经预设了文字的属性与样式，用户可以根据实际需求在相应的【文本占位符】中输入文字，这是输入文字最基本、最方便的一种输入方式，其具体操作如下。

步骤1 在【文本占位符】中单击鼠标，占位符中的文字将自动消失，并显示文本插入点，如图 2-1 所示。

图 2-1 文本占位符

步骤2 在文本插入点输入文字即可，输入的文本会自动替换【文本占位符】中的提示性文字，如图 2-2 所示。

图 2-2 输入文字

二、使用【文本框】输入文字

幻灯片中【文本占位符】的位置是固定的，如果想在幻灯片的其他位置输入文本，可以通过绘制一个新的文本框来实现。在插入和设置文本框后，就可以在文本框中进行文本的输入了。

在文本框中输入文本的具体操作步骤如下。

步骤 1 单击【插入】选项卡【文本】组中的【文本框】按钮，在弹出的下拉菜单中选择【绘制横排文本框】选项，如图 2-3 所示。

图 2-3 选择文本框

步骤 2 将鼠标指针移动到幻灯片中，当指针变为向下的箭头时，按住鼠标左键并拖动即可创建一个文本框，如图 2-4 所示。

请输入标题

图 2-4 创建文本框

步骤 3 单击文本框就可以直接输入文本，这里输入"携手共创辉煌明天"，如图 2-5 所示。

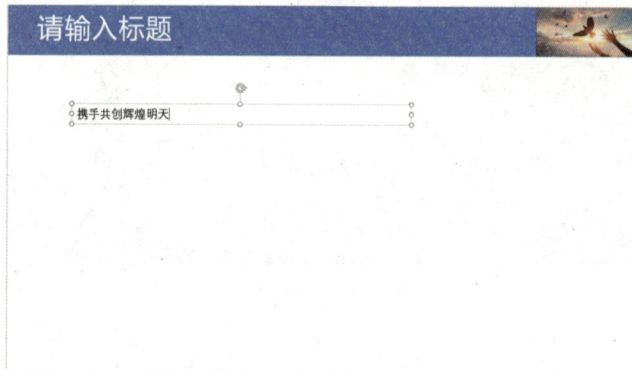

请输入标题

携手共创辉煌明天

图 2-5 输入文字

三、使用【大纲】窗格输入文字

在【大纲】窗格中输入文字的同时，可以浏览所有幻灯片的文本内容，其具体操作如下。

步骤 1 选中【大纲】选项卡下的幻灯片图标后面的文字，如图 2-6 所示。

图 2-6　输入文字

步骤 2 直接输入新文本"培训目录"，输入的文本会自动替换原来的文字，如图 2-7 所示。

图 2-7　文本替换

第二课　文字的美化

一、设置文本框的样式

设置文本框的样式主要是指设置文本框的形状格式。单击文本框的边框使文本框处于选中状态。在选中的文本框上右击，在弹出的快捷菜单中选择【设置形状格式】选项，可弹出【设置形状格式】选项板，如图 2-8 所示。

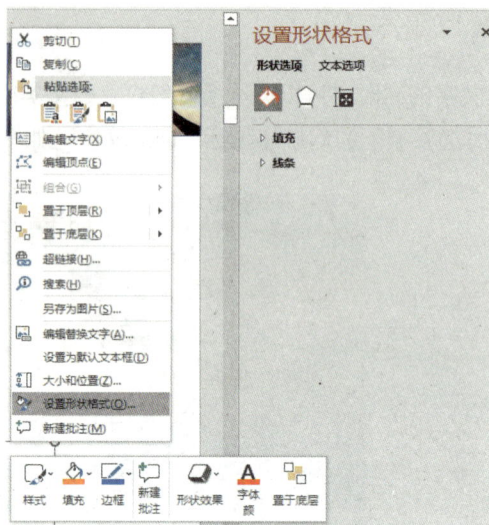

图 2-8 选择菜单

通过【设置形状格式】选项板可以对文本框进行填充、线条、大小和位置等设置。

（一）设置填充

单击【设置形状格式】选项板中的【填充】选项，可以选中【填充】下方显示的各单选按钮对文本框进行相应形式的填充设置。填充的方式如图 2-9 所示。

选中不同的单选按钮，下方会显示不同的设置选项，进行相应的设置即可完成对文本框的填充，如图 2-10 所示。

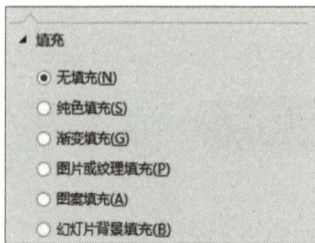

图 2-9 【填充】选项

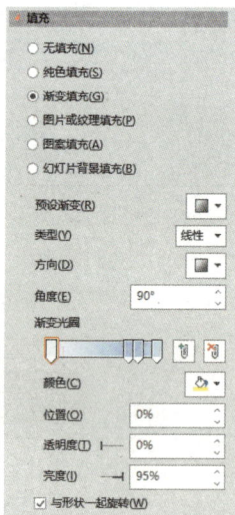

图 2-10 填充设置

（二）设置线条

单击【设置形状格式】选项板中的【线条】选项，同样可以通过选择不同的选项对文本框边框的线条类型进行相应的设置。线条的设置包括无线条、实线和渐变线三种设置方式。当选择

【无线条】单选按钮时，线条将设置为无色，如图2-11所示。

进一步地，还可以对线条的宽度、复合类型、短划线类型、端点类型、联接类型及箭头设置等进行相应的设置，如图2-12所示。

图2-11 【线条】选项

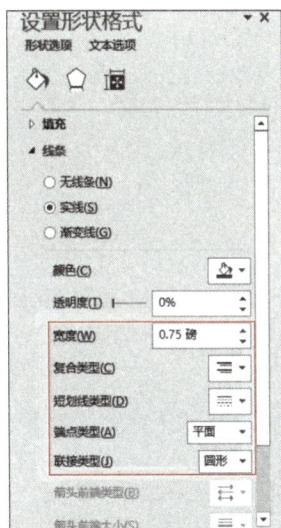

图2-12 线条设置

（三）设置大小

单击【设置形状格式】选项板中的【大小】选项，可以对文本框的大小进行设置，如图2-13所示。

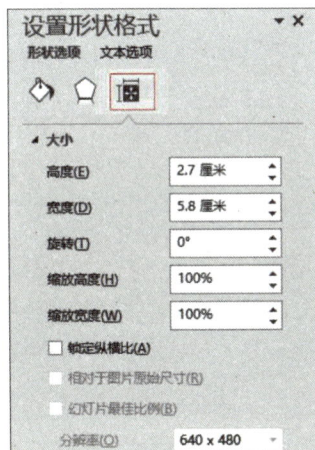

图2-13 设置大小

对文本框【大小】的设置，包括对其【高度】【宽度】【旋转】【缩放高度】【缩放宽度】和【锁定纵横比】等区域各选项的设置。其中，通过对【高度】和【宽度】选项的设置，可以直接确定文本框的大小。

（四）设置位置

除了通过拖动文本框来改变文本框的位置外，也可以单击【设置形状格式】选项板中的【位置】选项对文本框所处的位置进行相应的设置，如图 2-14 所示。

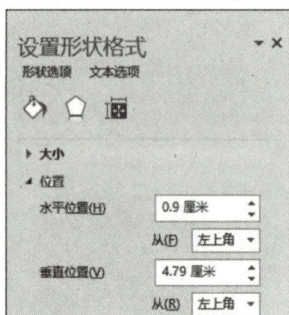

图 2-14　设置位置

在【水平位置】和【垂直位置】文本框中输入数值，可以直接确定文本框在幻灯片上的位置。

（五）设置文本框

单击【文本框】选项，可以确定文本的文字版式、文本在文本框中的内部边距，以及可以根据文本内容多少直接自动调整文本框的形状和大小，如图 2-15 所示。

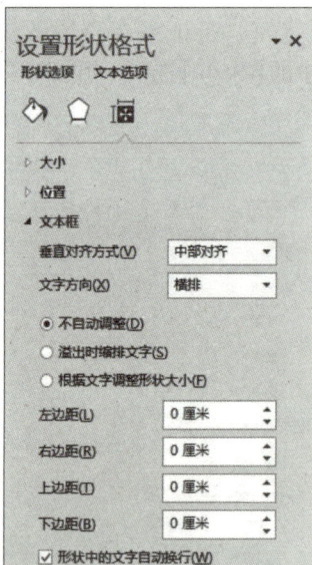

图 2-15　设置文本框

二、设置文字格式

选中要设置的字体后，可以在【开始】选项卡【字体】组中设定文字的大小、样式和颜色等，如图 2-16 所示。

也可以单击【字体】组右下角的【字体】按钮，打开【字体】对话框，对文字进行设置，如图 2-17 所示。

图 2-16 【字体组】选项

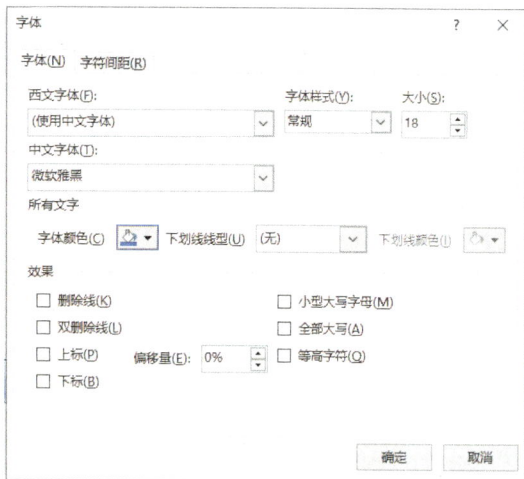

图 2-17 【字体】具体选项

本节主要介绍对文字的字体和颜色进行设置的方法。

（一）设置字体样式

【字体】对话框的【字体】选项卡中各个命令的作用及使用方法如下。

1.【西文字体】和【中文字体】命令

PowerPoint默认的字体为宋体，读者如果需要对字体进行修改，可以选中文本，单击【中文字体】命令，在下拉菜单中选择当前文本所需要的字体类型，如图 2-18 所示。

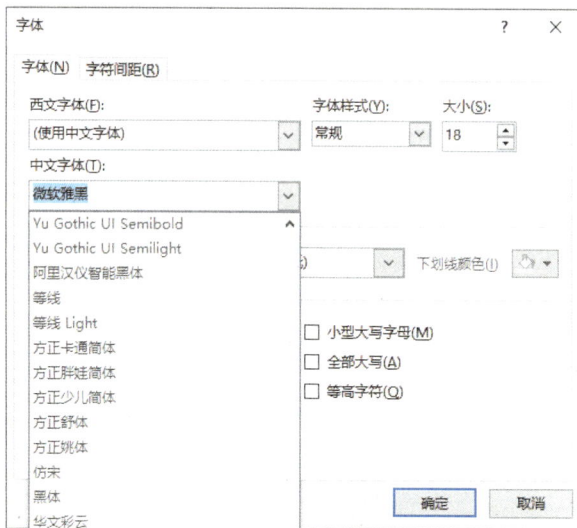

图 2-18 语言字体

2.【字体样式】命令

通过【字体样式】命令可以对文字应用一些样式，如加粗、倾斜或下划线等，可使当前文本更加突出、醒目，如图 2-19 所示。

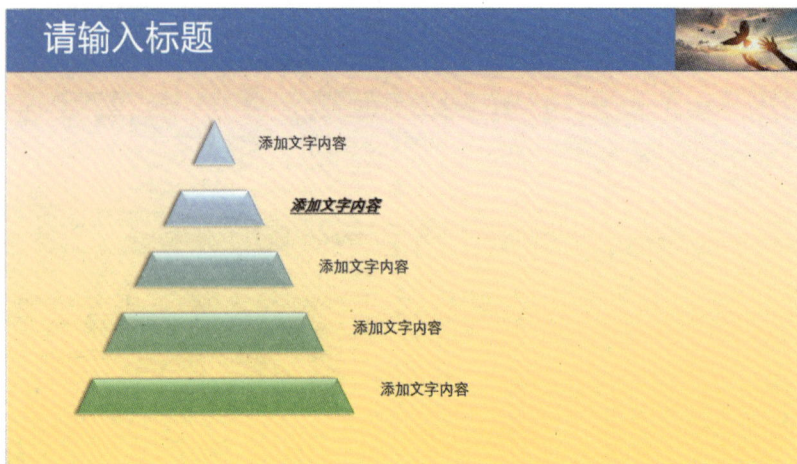

图 2-19　字体效果

如果需要对文字应用样式，可以先选中文本，单击【字体样式】下拉按钮，在弹出的下拉菜单中选择当前文本所需要的字体样式即可，如图 2-20 所示。

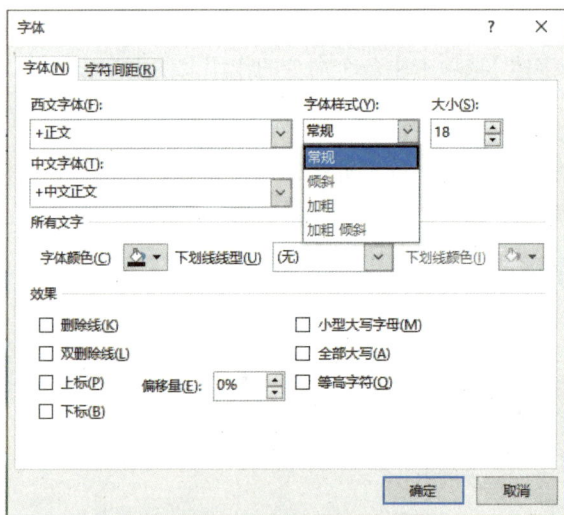

图 2-20　字体样式

3.【大小】命令

如果需要对文字的大小进行设定，可以选中文本，在【大小】文本框中输入精确的数值来确定当前文本所需要的字号，如图 2-21 所示。

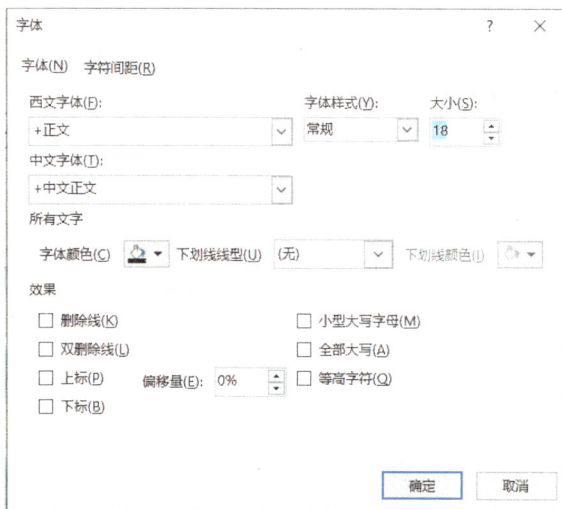

图 2-21　文字大小

（二）设置字体颜色

PowerPoint 2016 默认的文字颜色为黑色。如果需要设定字体的颜色，可以选中文本，单击【字体颜色】按钮，在弹出的下拉菜单中选择所需要的颜色，如图 2-22 所示。

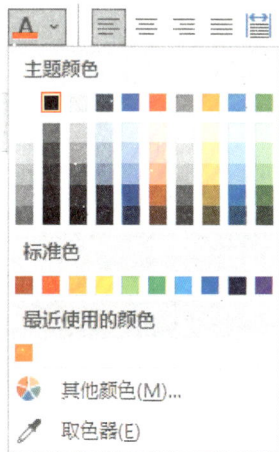

图 2-22　【字体颜色】选项

【字体颜色】下拉列表中包括【主题颜色】【标准色】【最近使用的颜色】和【其他颜色】4 个区域的选项。

单击【主题颜色】和【标准色】区域的颜色块可以直接选择所需要的颜色。单击【其他颜色】选项，弹出【颜色】对话框。该对话框包括【标准】和【自定义】两个选项卡。在【标准】选项卡下可以直接单击颜色球指定颜色，如图 2-23 所示。

单击【自定义】选项卡，既可以在【颜色】区域指定要使用的颜色，也可以在【红色】【绿色】和【蓝色】文本框中直接输入精确的数值指定颜色。其中，【颜色模式】下拉列表中包括【RGB】和【HSL】两个选项，如图 2-24 所示。

图 2-23　颜色球

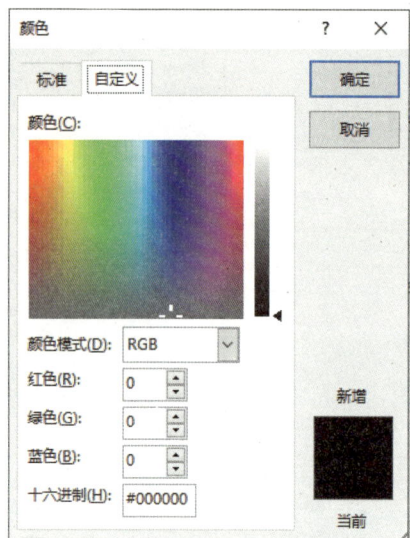

图 2-24　颜色模式

　　RGB色彩模式和HSL色彩模式都是工业界的颜色标准，也是目前运用最广的颜色系统。RGB色彩模式是通过对红（R）、绿（G）、蓝（B）3个颜色通道的变化及它们相互之间的叠加来得到各式各样的颜色的，RGB就是代表红、绿、蓝3个通道的颜色；HSL色彩模式是通过对色调（H）、饱和度（S）、亮度（L）3个颜色通道的变化及它们相互之间的叠加来得到各式各样的颜色的，HSL就是代表色调、饱和度、亮度3个通道的颜色。

三、设置段落格式

　　本节主要讲述设置段落格式的方法，包括对齐方式、段落缩进及间距与行距等方面的设置。对段落的设置主要是通过单击【开始】选项卡【段落】组中的各命令按钮来实现的，如图2-25所示。

图 2-25　【段落】选项组

（一）设置对齐方式

　　段落对齐方式包括左对齐、右对齐、居中对齐、两端对齐和分散对齐等。将光标定位在某一段落中，单击【开始】选项卡【段落】组中的【对齐方式】按钮，即可更改段落的对齐方式。

　　单击【段落】组右下角的 ⬚ 按钮，在弹出的【段落】对话框中也可以对段落进行对齐方式的设置，如图2-26所示。

图 2-26 【段落】对话框

（二）设置段落缩进

段落缩进指的是段落中的行相对于页面左边界或右边界的位置。

将光标定位在要设置的段落中，单击【开始】选项卡【段落】组右下角的 按钮，弹出【段落】对话框。在该对话框的【缩进】区域可以设定缩进的具体数值，如图 2-27 所示。

图 2-27 缩进

段落缩进方式主要包括左缩进、右缩进、悬挂缩进和首行缩进等。

（三）设置间距与行距

段落行距包括段前距、段后距和行距。段前距和段后距指的是当前段与上一段或下一段之间的间距。行距指的是段内各行之间的间距。

设置间距和行距的具体操作步骤如下。

步骤 1 将光标定位在要设置的段落中，如图 2-28 所示，单击【开始】选项卡【段落】组右下角的 ⌐ 按钮，弹出【段落】对话框。

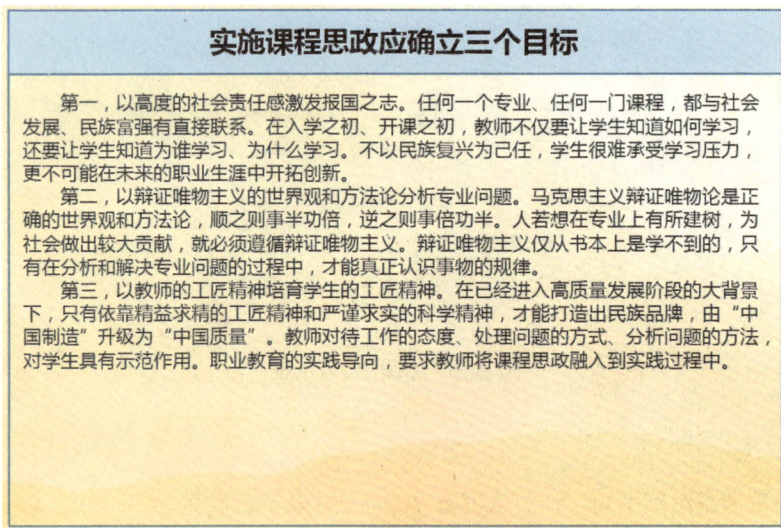

实施课程思政应确立三个目标

第一，以高度的社会责任感激发报国之志。任何一个专业、任何一门课程，都与社会发展、民族富强有直接联系。在入学之初、开课之初，教师不仅要让学生知道如何学习，还要让学生知道为谁学习、为什么学习。不以民族复兴为己任，学生很难承受学习压力，更不可能在未来的职业生涯中开拓创新。

第二，以辩证唯物主义的世界观和方法论分析专业问题。马克思主义辩证唯物论是正确的世界观和方法论，顺之则事半功倍，逆之则事倍功半。人若想在专业上有所建树，为社会做出较大贡献，就必须遵循辩证唯物主义。辩证唯物主义仅从书本上是学不到的，只有在分析和解决专业问题的过程中，才能真正认识事物的规律。

第三，以教师的工匠精神培育学生的工匠精神。在已经进入高质量发展阶段的大背景下，只有依靠精益求精的工匠精神和严谨求实的科学精神，才能打造出民族品牌，由"中国制造"升级为"中国质量"。教师对待工作的态度、处理问题的方式、分析问题的方法，对学生具有示范作用。职业教育的实践导向，要求教师将课程思政融入到实践过程中。

图 2-28　样例

步骤 2 在【段落】对话框【间距】区域的【段前】和【段后】文本框中都分别输入"10磅"，在【行距】下拉列表中选择【1.5 倍行距】选项，如图 2-29 所示。

行距的设置可以分为单倍行距、1.5 倍行距、双倍行距、固定值和多倍行距 5 种类型，如图 2-30 所示。

图 2-29　设置间距

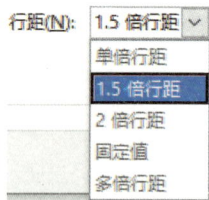

图 2-30　设置行距

步骤 3 单击【确定】按钮，完成段落的间距和行距的设置。

四、添加项目符号或编号

在 PowerPoint 2016 演示文稿中，使用项目符号或编号可以演示大量文本或顺序的流程。本节主要介绍为文本添加项目符号或编号、更改项目符号或编号的外形及调整缩进量等操作方法。

为文本添加项目符号或编号的具体操作步骤如下。

步骤 1　继续前面的实例操作，如图2-31所示，在幻灯片上要添加项目符号或编号的文本占位符中选中文本行。

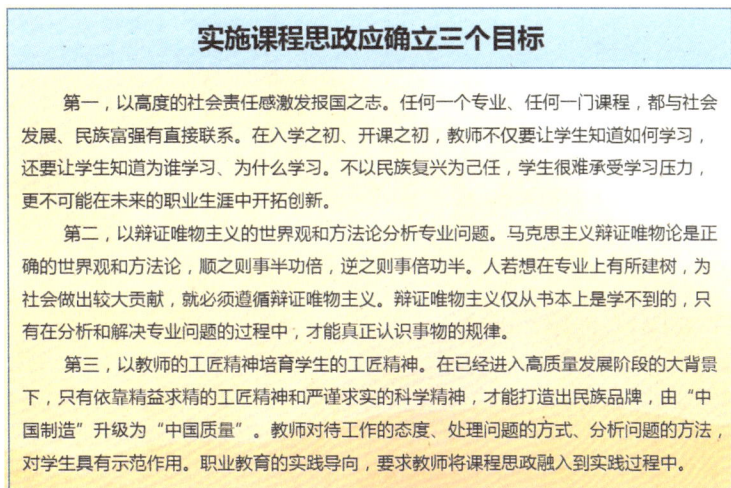

图2-31　样例

步骤 2　单击【开始】选项卡【段落】组中的【项目符号】按钮三，即可为文本添加项目符号，如图2-32、图2-33所示。

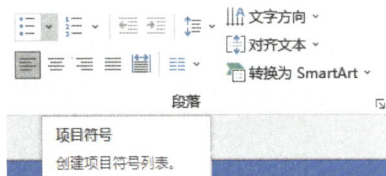

图2-32　【段落】组【项目符号】按钮

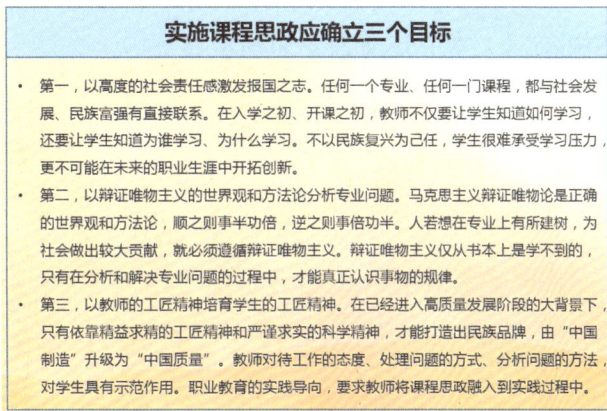

图2-33　设置效果

步骤 3　单击【开始】选项卡【段落】组中的【编号】按钮三，即可为文本添加编号，如图2-34、图2-35所示。

实施课程思政应确立三个目标

1. 第一，以高度的社会责任感激发报国之志。任何一个专业、任何一门课程，都与社会发展、民族富强有直接联系。在入学之初、开课之初，教师不仅要让学生知道如何学习，还要让学生知道为谁学习、为什么学习。不以民族复兴为己任，学生很难承受学习压力，更不可能在未来的职业生涯中开拓创新。
2. 第二，以辩证唯物主义的世界观和方法论分析专业问题。马克思主义辩证唯物论是正确的世界观和方法论，顺之则事半功倍，逆之则事倍功半。人若想在专业上有所建树，为社会做出较大贡献，就必须遵循辩证唯物主义。辩证唯物主义以从书本上是学不到的，只有在分析和解决专业问题的过程中，才能真正认识事物的规律。
3. 第三，以教师的工匠精神培育学生的工匠精神。在已经进入高质量发展阶段的大背景下，只有依靠精益求精的工匠精神和严谨求实的科学精神，才能打造出民族品牌，由"中国制造"升级为"中国质量"。教师对待工作的态度、处理问题的方式、分析问题的方法，对学生具有示范作用。职业教育的实践导向，要求教师将课程思政融入到实践过程中。

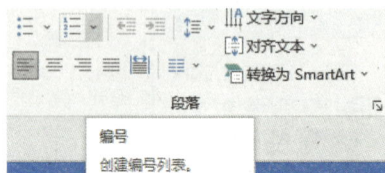

图 2-34 【段落】组【编号】选项　　　　　　　　　图 2-35　设置效果

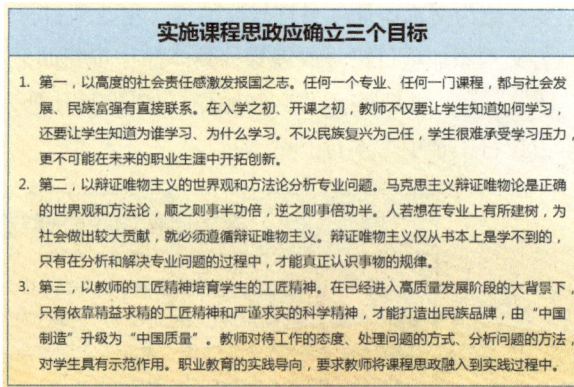

五、添加艺术字和特殊符号

（一）添加艺术字

艺术字是一种文字样式库，PowerPoint 2016 中提供了丰富的艺术样式，这些特殊样式的文字可以使我们的多媒体课件更加活泼生动，更具有吸引力。

1. 插入艺术字

插入艺术字的具体操作步骤如下。

步骤 1　选中要插入艺术字的幻灯片，点击菜单栏中【插入】，在【插入】选项卡【文本】组中点击【艺术字】，如图 2-36 所示。

图 2-36 【文本组】选项

步骤 2　弹出艺术字样式列表，点击选择其中一个。如图 2-37 所示。

步骤 3　幻灯片中就会出现艺术字的样例，在艺术字文本框中，输入我们自定义的文本。艺术字效果如图 2-38 所示。

图 2-37 【艺术字】选项　　　　　　　　　图 2-38　设置效果

2. 编辑艺术字

设置艺术字效果最简单、快捷的方法是选中文本框或占位符后，单击【绘图工具】下【格式】选项卡【艺术字样式】组右下角的【其他】按钮，在展开的下拉列表中选择 PowerPoint 内置的艺术字样式，即可为所选文字应用该样式，如图 2-39、图 2-40 所示。

图 2-39 艺术字样式

图 2-40 设置形状格式

此外，我们还可通过【艺术字样式】组右侧按钮为所选文字设置文本填充、文本轮廓及文本效果。

（1）文本填充。单击【文本填充】按钮，在展开的下拉列表中选择纯色、渐变、图片或纹理等填充文字，如图 2-41 所示。

（2）文本轮廓。单击【文本轮廓】按钮，在展开的下拉列表中选择所需的轮廓色，还可设置轮廓的粗细和样式（在【虚线】子列表中选择）等，如图 2-42 所示。

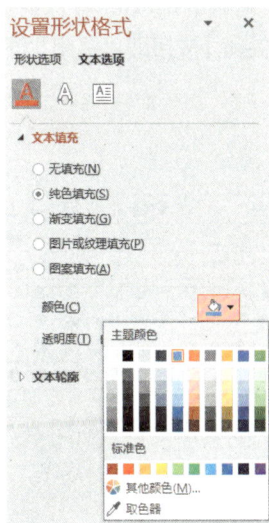

图 2-41 文本填充

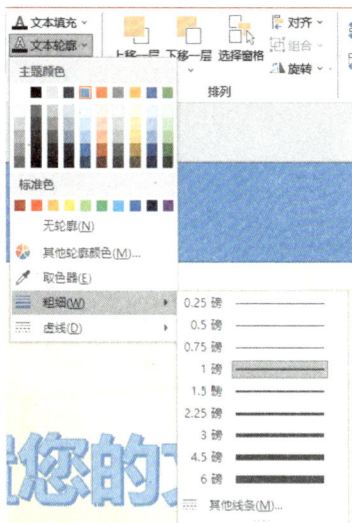

图 2-42 文本轮廓

（3）文本效果。单击【文本效果】按钮，在展开的下拉列表中选择阴影、映像、发光、棱台等效果，如图 2-43 所示。

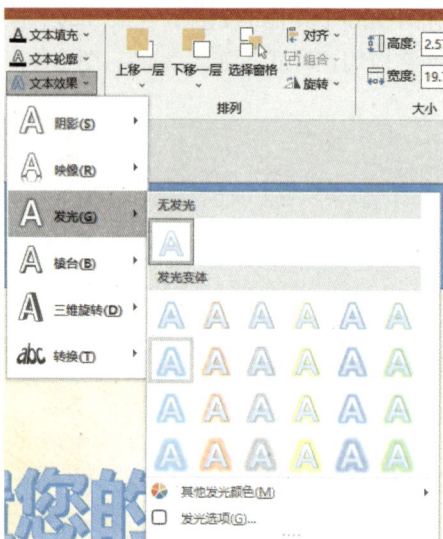

图 2-43　文本效果

（二）添加特殊符号

1. 插入符号

通常，在教学课件中需要插入一些比较个性或是专业用的符号，PowerPoint 2016 中，可以通过【插入】选项卡【符号】组中的【公式】和【符号】按钮来完成公式和符号的插入操作。

插入符号的具体操作步骤如下。

步骤 1　继续实例操作，将鼠标定位到幻灯片的文本内容的第 1 行开头，单击【插入】选项卡【符号】组中的【符号】按钮，如图 2-44 所示。

步骤 2　弹出【符号】对话框，在【字体】下拉列表中选择【Wingdings】选项，然后选择需要使用的字符，单击【插入】按钮，即可完成插入。单击【关闭】按钮即可关闭【符号】对话框，如图 2-45 所示。

图 2-44　【符号】选项

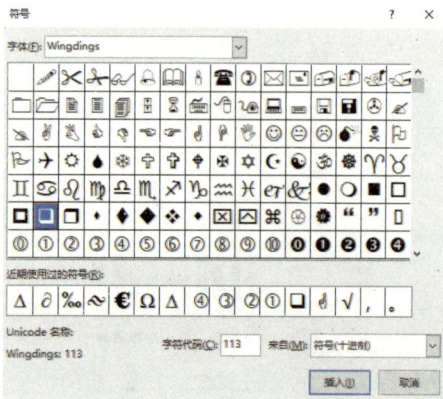

图 2-45　【符号】对话框

步骤3 在编辑区可以看到新添加的符号，如图 2-46 所示。

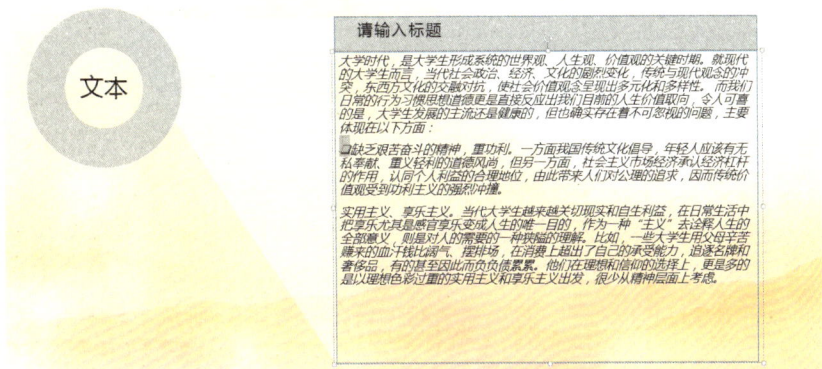

图 2-46 样例

步骤4 按照第 1 步、第 2 步的操作，继续在其他各行的开头插入符号，最终效果如图 2-47 所示。

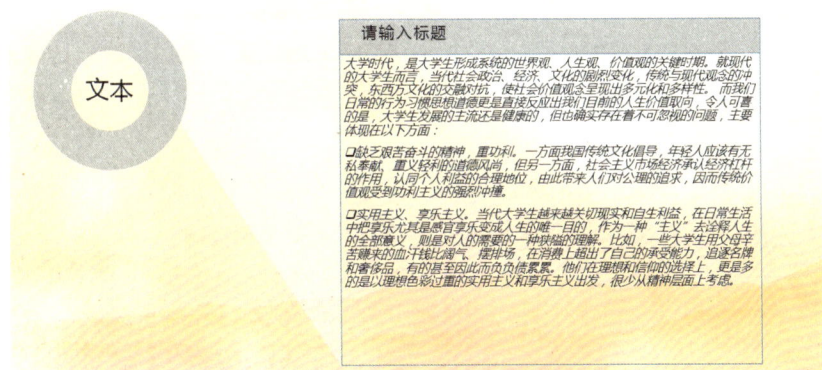

图 2-47 符号效果

如果要插入的符号相同或近期使用过，可以在【符号】对话框的【近期使用过的符号】区域中选择，如图 2-48 所示。

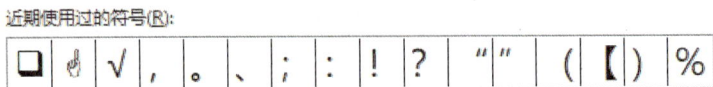

图 2-48 【近期使用过的符号】对话框

2. 插入公式

在幻灯片中除了可以插入一些特殊符号外，也可以输入公式。具体操作步骤如下。

步骤1 继续前面的实例操作，在第 8 张幻灯片的"添加文字"文本框中输入"圆面积计算公式："，并按【Enter】键。

步骤2 单击【插入】选项卡【符号】组中的【公式】按钮，可以在文本框中利用功能区出现的【公式工具】→【设计】选项卡下各组中的选项直接输入公式，如图 2-49 所示。

图 2-49　公式工具

步骤 3　也可以单击【插入】选项卡【符号】组中的【公式】按钮，从弹出的快捷菜单中选择【圆的面积】选项，如图 2-50 所示。

单击【插入新公式】选项，也可以切换到功能区【公式工具】→【设计】选项卡。

步骤 4　系统即可插入所选的公式，同时功能区显示【公式工具】→【设计】选项卡，从该选项卡下的各组命令中可以对插入的公式进行编辑，如图 2-51 所示。

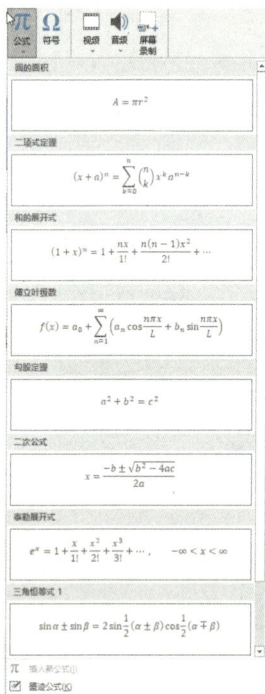

图 2-50　【公式】选项

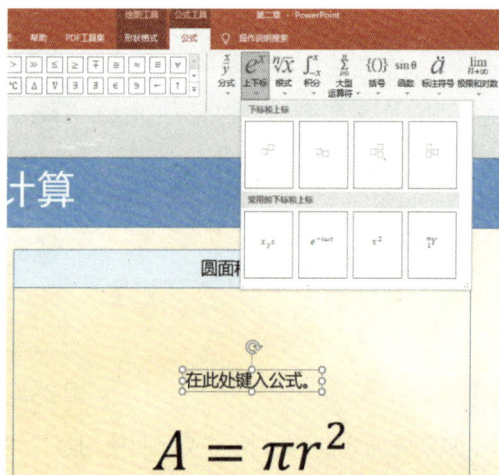

图 2-51　公式效果

第三课　项目实例

制作人教版五年级上册"少年中国说"小学语文课件。

一、实训目标

本次项目实例要求制作"少年中国说"小学语文课件，需要根据提供的素材制作出需要的演示文稿，涉及文本框的插入、文本输入、文本格式设置、段落格式设置等操作。

二、实训步骤

步骤 1 打开素材文件"少年中国说.pptx"。在第一张幻灯片中插入艺术字"少年中国说",艺术字样式为:填充,白色;边框,橙色,主题色2;清晰阴影,橙色,主题色2。其格式设置为:微软雅黑,96,加粗,文字阴影。

步骤 2 插入横排文本框,输入"人教版-五年级上册-语文",设置格式为:微软雅黑,24,加粗,颜色选择【其他颜色】,颜色模式:RGB,RGB值为230,120,80。

步骤 3 选中文字"人教版-五年级上册-语文",单击鼠标右键,在弹出的快捷菜单中选择【设置形状格式】→【形状选项】→【线条】→【实线】,线条颜色参考步骤2文字值,宽度为2,复合类型为双线,如图2-52所示。

图2-52 形状线条效果

步骤 4 选中第二张幻灯片,插入竖排文本框,输入"学习目标",设置格式为:微软雅黑,深红,44,加粗。

步骤 5 插入横排文本框,输入学习目标文本内容"了解作者……积极进取的精神"。设置格式为:微软雅黑,黑色,28。将文字"比喻论证、类比论证、积极进取"突出显示,设置格式为:深红色,加粗,文字阴影。

步骤 6 用鼠标选中学习目标文本内容"了解作者……积极进取的精神",选择【段落】→【项目符号】→【加粗空心项目符号】,如图2-53所示。段落行距为2倍行距,最终效果如图2-54所示。

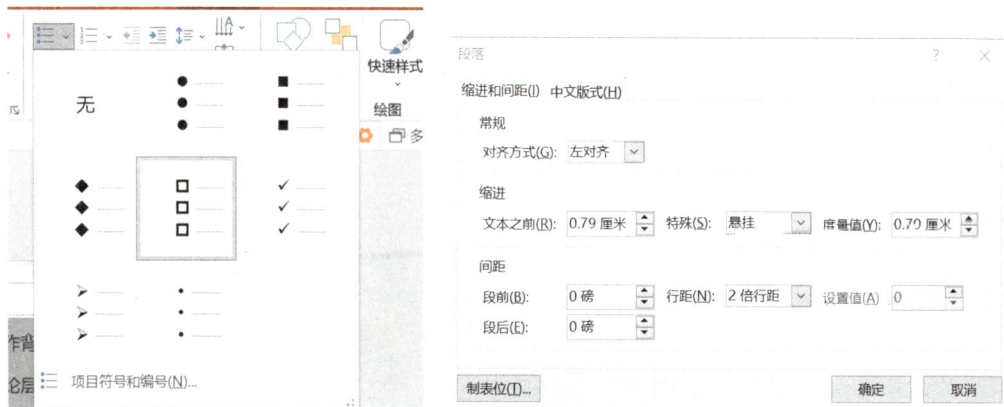

图2-53 【项目符号】和【段落】选项

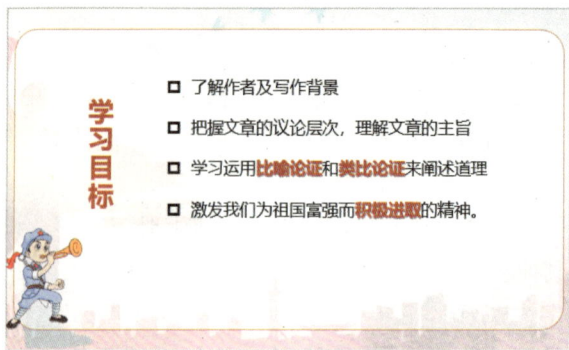

图 2-54 项目符号效果

步骤 7 选中第三张幻灯片，插入横排文本框，输入"作者简介"，设置格式为：微软雅黑，深红，44，加粗。

步骤 8 插入横排文本框，输入"梁启超，字卓如……法家代表人物"。设置格式为：宋体，黑色，28；并设置段落格式为：首行缩进，1.6 厘米，1.5 倍行距。将文字"饮冰室主人""康梁"突出显示，设置格式为：深红色，加粗，倾斜。如图 2-55 所示。

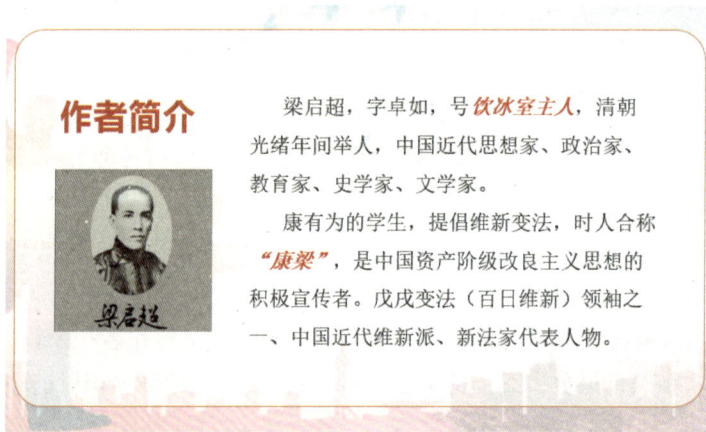

图 2-55 文字效果

步骤 9 选中第四张幻灯片，插入横排文本框，输入"我会认——扫清障碍"，设置格式为：微软雅黑，深红，加粗。文字"我会认"字号设置为 44；文字"——扫清障碍"字号设置为 20。

步骤 10 插入横排文本框，输入"一泻汪洋、鳞爪飞扬"等文本。设置格式为：宋体，黑色，44，并设置段落格式为：2 倍行距。将文字"泻、鳞、惶、苔、履、哉"突出显示，设置格式为：深红色，60，加粗。如图 2-56 所示。

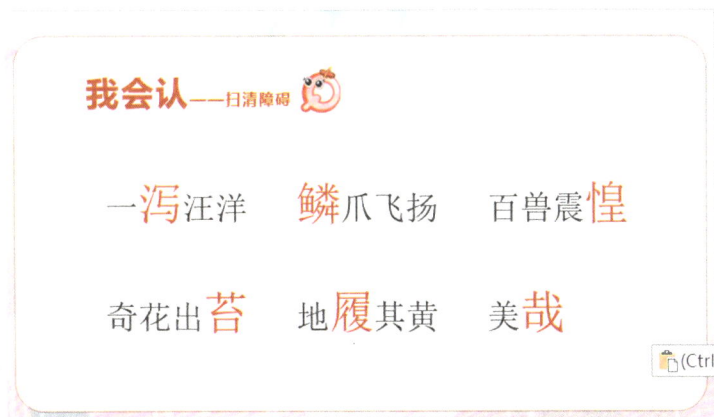

图 2-56　样例

步骤 11 插入横排文本框，输入"泻"拼音文本，在英文输入状态下输入 xi，并在【插入】→【符号】中选择子集：拉丁语-1 增补，插入符号 è，如图 2-57 所示。其他拼音输入方法相同。最终效果如图 2-58 所示。

图 2-57　符号选择

图 2-58　符号效果

步骤 12 选中第五张幻灯片，按上面方法完成文本内容的添加，如图 2-59 所示。

步骤 13 选中第六张幻灯片，按上面方法完成文本内容的添加，如图 2-60 所示。

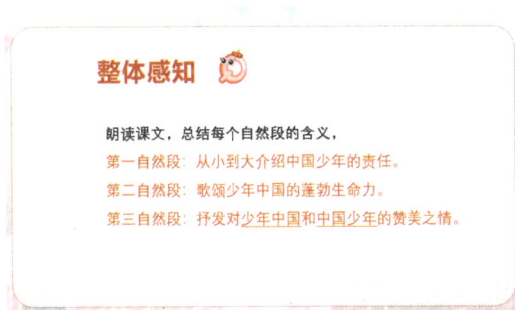

图 2-59　完成效果

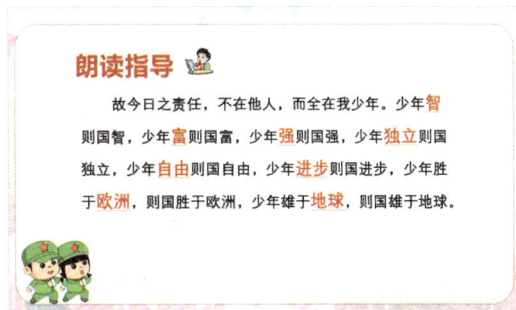

图 2-60　完成效果

步骤 14 选中第六张幻灯片，插入横排文本框，输入"要读出磅礴的气势！"。设置格式为：微软雅黑，黑色，48，加粗，文字阴影。选中文字"要读出磅礴的气势！"，单击鼠标右键，在弹出的快捷菜单中选择【设置形状格式】→【形状选项】→【线条】→【实线】，线条宽度为1.5，复合类型为单线。然后再选择【设置形状格式】→【效果】→【映像】→【映像变体】→【全映像：4 磅 偏移量】，如图 2-61、图 2-62 所示。

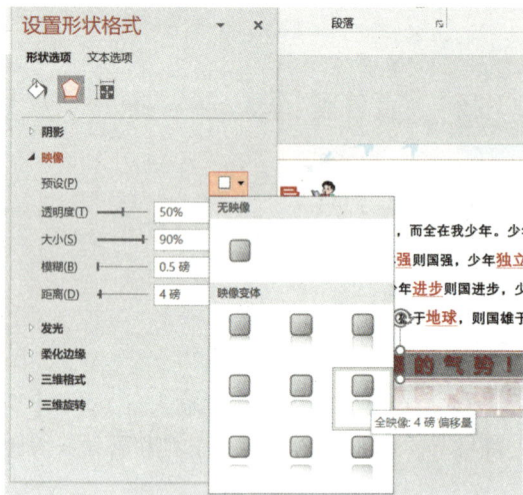

图 2-61 设置形状格式

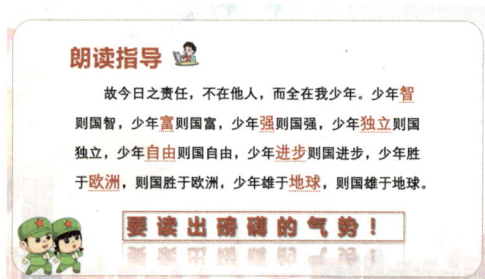

图 2-62 完成效果

第四课 项目拓展

拓展一 课件封面文字设计

很多人在设计课件封面的时候，常常会因为课件封面文字看起来总是平平无奇而陷入惆怅的境地。下面介绍几种封面文字设计思路。

（一）改颜色

下面是一张看起来平淡无奇的 PPT，如图 2-63 所示，丰富的背景配备了标准的黑色大字。那我们该如何让它迅速看起来不一样呢？最快速简单的做法便是改变字体颜色，首推的就是设置文字渐变色！

图 2-63 样例

操作步骤如下。

步骤1 打开素材文件"孤芳字赏.pptx"，在标题占位符中输入文本孤芳"字"赏，设置格式为：华文隶书，黑色，120，加粗。

步骤2 右击文本框,选择【设置形状格式】→【文本选项】→【文本填充】，选择【渐变填充】选项。在【渐变光圈】上设置4个光圈的属性，属性值如图2-64所示。

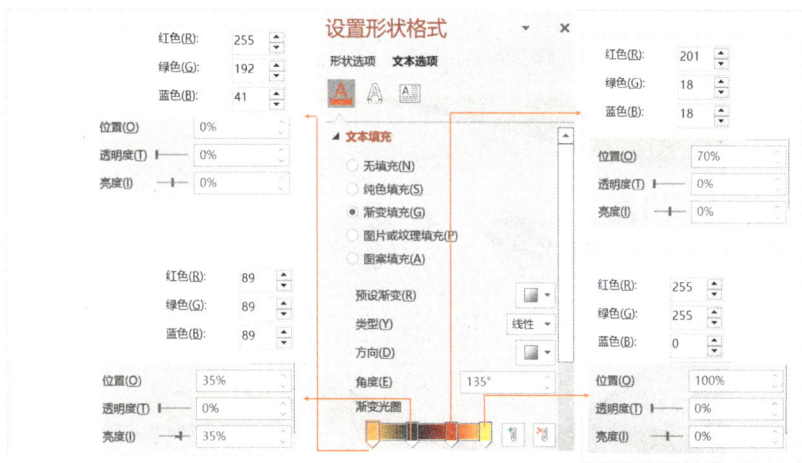

图 2-64 设置选项

步骤3 制作完成后单击保存即可，最终效果如图2-65所示。

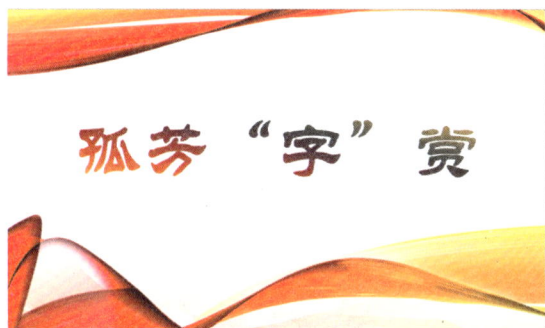

图 2-65 完成效果

> **知识提示**

除了设置渐变填充，我们还可以对文本设置图案、图片等填充效果，可以事先准备好符合幻灯片主题风格的图片以供选择。

（二）加厚度

在课件制作中，让封面字体变"厚"在视觉上会很有设计感，使单薄的文字变得更有厚重感。

步骤1 在上一例的基础上选中文字，复制一份相同的文本。

步骤2 选中之前的文本，将【文本填充】设置为无，文本轮廓设置为渐变色，如图2-66

所示，颜色为与该图相似颜色。

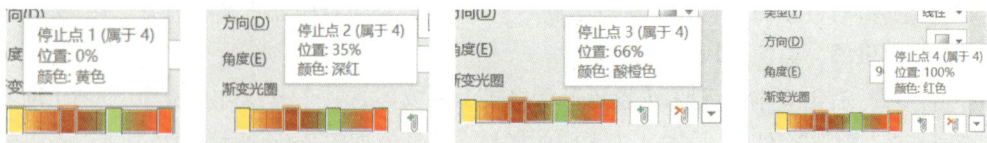

图 2-66　颜色

步骤 3　将两个文本的位置移到合适位置，最终效果如图 2-67 所示。

图 2-67　完成效果

（三）拆文字

我们还可以通过改变封面文字的形状，让原本平淡无奇的字形变得更有创意。

步骤 1　打开素材文件首先创立一个文本框并输入文字"不忘初心"，并设置好字体和大小等，如图 2-68 所示。

步骤 2　选择【插入】选项中的【形状】，如图 2-69 所示。

图 2-68　样例

图 2-69　【形状】选项

步骤 3　按住【Shift】键同时选中形状和文字，在绘图工具的【格式】中点击【合并形状】选项，如图 2-70、图 2-71 所示。

图 2-70 形状合并

图 2-71 合并效果

步骤 4 选择【拆分】，文字就变成了各个偏旁部首。如图 2-72 所示。

图 2-72 完成效果

拓展二 课件内容排版

多媒体课件制作的过程中，文字内容是非常重要的部分，如果只是把文字不做任何处理地堆砌至幻灯片中，就会使教学内容条理不清晰、逻辑不明确，为此我们需要对课件内容进行重新排版设计。

操作步骤：

步骤 1 打开素材"汉字.pptx"，将大段文字内容分割处理，让文字条理显得更为清晰，如图 2-73 所示。

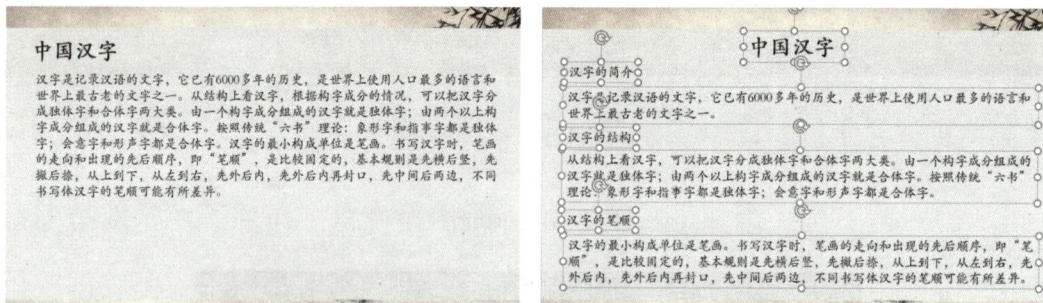

图 2-73　样例

步骤 2　加粗标题，改变字号大小，更改字体颜色，改变字体。属性设置及最终效果如图 2-74 所示。

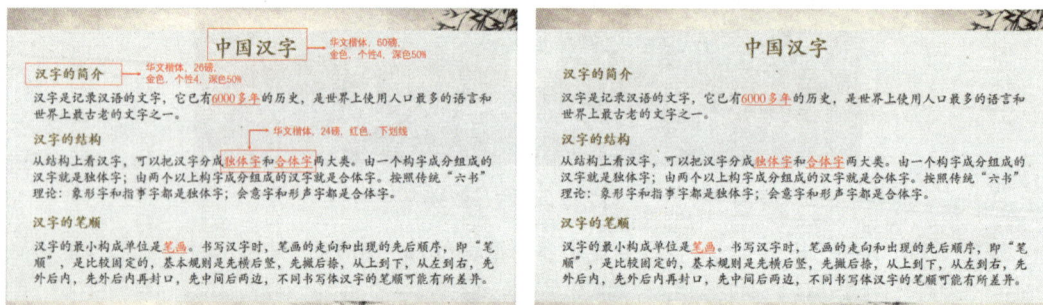

图 2-74　样例

步骤 3　增加图标引导，可使文字在视觉上产生美感。选择【开始】→【段落】→【项目符号】→【项目符号和编号】→【自定义】，在弹出的【符号】对话框中，选择字体：Wingdings，并选择需要的符号，最终效果如图 2-75 所示。

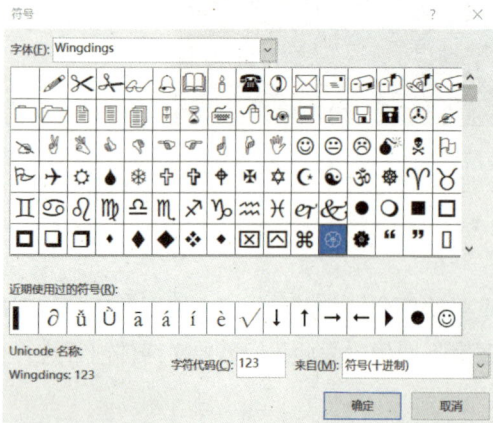

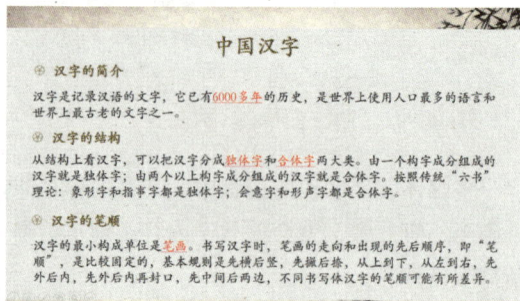

图 2-75　完成效果

知识提示

　　文字的排版除了我们上一例采用的横向分布排列，还有纵向分布排列、分散排列等多种方式。

微实践

一、填空题

1. 在PowerPoint 2016中，最常用的文字输入方法是使用_____直接输入和使用【文本框】输入。

2. 段落缩进方式主要包括左缩进、_____、_____和_____等。

3. PowerPoint 2016中，可以通过【插入】选项卡_____组中的【公式】和【符号】按钮来完成公式和符号的插入操作。

二、综合实训题

1.语文

按下面页面内容制作课件，如图2-76所示。

图2-76 样例

2.英语

依图制作下面一页PPT，如图2-77所示。

元音 (20个) (韵母)

单元音	长元音	/a:/ /ɔ:/ /ɜ:/ /i:/ /u:/
	短元音	/ʌ/ /ɒ/ /ə/ /i/ /u/ /e/ /æ/
双元音		/eɪ/ /aɪ/ /əʊ/ /aʊ/ /ɪə/ /eə/ /ʊə/ /ɔɪ/

扫一扫学一学

图 2-77 样例

发奋"图"强

课程介绍

本章主要介绍在PowerPoint 2016中图片、图形和图表的应用及操作方法。在多媒体课件制作中如果只有文字，没有图片，学生在阅读与学习的过程中会感到乏味。图片、图形相对于文字而言，给人的视觉冲击更加直观，用户通过对这些基本操作知识的学习，可以制作出更出色、更漂亮的演示文稿，并可以提高工作的效率。

学习目标

- 了解插入图片的方法
- 学习编辑和美化图片
- 了解在课件中使用图片的常见问题和解决方法
- 掌握在课件中绘制、编辑和美化图形的方法
- 了解SmartArt图形的应用

课程思政目标

课件中的图片是普及教育内容、发展科学技术、提高教学效率的最直观体现，对社会主义物质文明和精神文明建设具有重要意义。学习在多媒体课件中使用图片的方法，我们应实现三个目标。

- 图片的选用、搭配、主次排版应契合社会主义核心价值观要求。
- 图片、图形或图表的处理应符合正能量的传播，避免恶趣味地添加无谓效果。
- 选材应避免版权纠纷（版权图片，是相对于盗版图片的概念，通常指经过图片的著作权持有人，也许是创作图片的作者或机构，授权可以用于商业、出版、展览等用途的图像作品。在中国，按照著作权法规定，作品完成就自动有版权。所谓完成，是相对而言的，只要创作的对象已经满足法定的作品构成条件，即可作为作品受到著作权法保护。）。

第一课 图片的应用

一、插入图片

步骤 1 打开一张幻灯片，单击【插入】选项卡【图像】组中的【图片】按钮。

步骤 2 弹出【插入图片】对话框，在【查找范围】下拉列表中选择图片所在的位置，再单击所需要使用的图片即可，如图 3-1 所示。

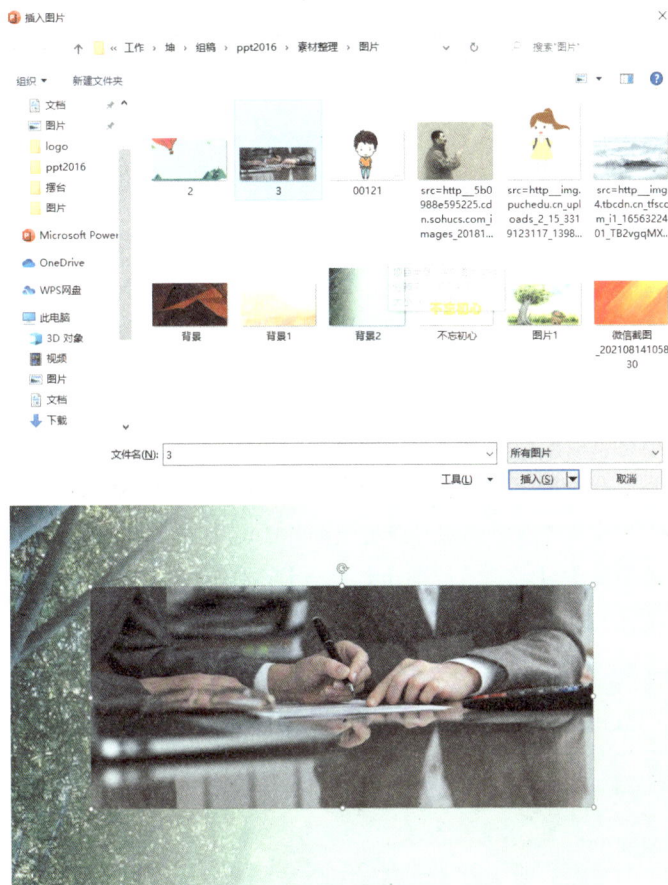

图 3-1 插入图片样例

除了插入图片外，我们还可以插入屏幕截图。屏幕截图适用于捕获可能更改或过期的信息（例如，重大新闻报道或旅行网站上提供的、讲求时效的、可用航班和费率的列表）的快照，也适用于将来自网页或其他来源的内容以屏幕截图的方式传输到其他文件中。

在 PowerPoint 2016 中插入屏幕截图的具体操作步骤如下。

步骤 1 打开文件，单击【插入】选项卡【图像】组中的【屏幕截图】按钮，如图 3-2 所示，在弹出的【可用的视窗】列表中选择要插入的以缩略图显示的"可用窗口"。

步骤 2 幻灯片中即可插入选取的屏幕截图，如图 3-3 所示。

图 3-2 【屏幕截图】选项

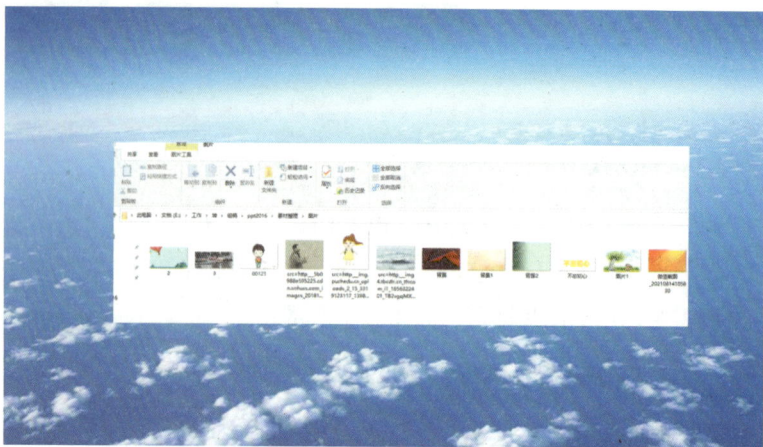

图 3-3 插入效果

也可以使用【可用的视窗】列表中【屏幕剪辑】工具选择窗口的一部分，但使用这种方法只能捕获没有最小化到任务栏的窗口。

二、调整和编辑图片

（一）调整图片的大小

插入的图片大小可以根据当前幻灯片的情况进行调整，调整图片大小的具体操作方法如下。

步骤 1 选中插入的图片，将鼠标指针移至图片四周的尺寸控制点上。

步骤 2 按住鼠标左键拖曳，就可以更改图片的大小，如图 3-4 所示。

也可以在【图片工具】→【格式】选项卡【大小】组中的【高度】和【宽度】文本框中直接输入精确的数值来更改图片的大小，如图 3-5 所示。

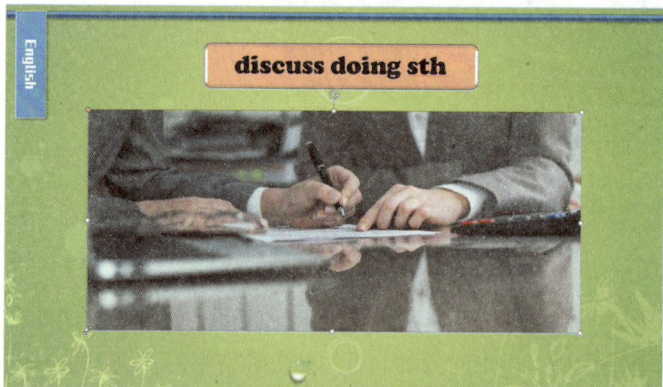

图 3-4 调整图片大小

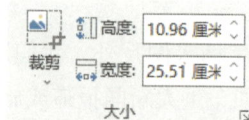

图 3-5 图片【大小】选项

（二）裁剪图片

裁剪功能通常用来隐藏或修整部分图片，以便进行强调或删除不需要的部分。

裁剪图片时先选中图片，然后在【图片工具】→【格式】选项卡【大小】组中单击【裁剪】按钮直接进行裁剪。此时可以进行 4 种裁剪操作：裁剪某一侧、同时均匀地裁剪两侧、同时均匀地裁剪全部 4 侧、放置裁剪。完成后在幻灯片空白位置处单击或按【Esc】键退出裁剪操作即可。

单击【大小】组中【裁剪】按钮 下拉按钮，弹出包括【裁剪】【裁剪为形状】【纵横比】【填充】和【适合】等选项的下拉菜单，如图 3-6 所示。

图 3-6 【裁剪】选项

通过该下拉菜单可以进行将图片裁剪为特定形状、裁剪为通用纵横比、通过裁剪来填充形状等操作。

1. 裁剪为特定形状

快速更改图片形状的方法是将其裁剪为特定形状。在剪裁为特定形状时，将自动修整图片以填充形状的几何图形，但同时会保持图片的比例，如图 3-7 所示。

图 3-7 裁剪特定形状

2. 裁剪为通用纵横比

将图片裁剪为通用的照片或通用纵横比，可以使其轻松适合图片框。通过这种方法还可以在裁剪图片时查看图片的比例。纵横比是指图片宽度与高度之比。重新调整图片尺寸时，该比值可保持不变，如图 3-8 所示。

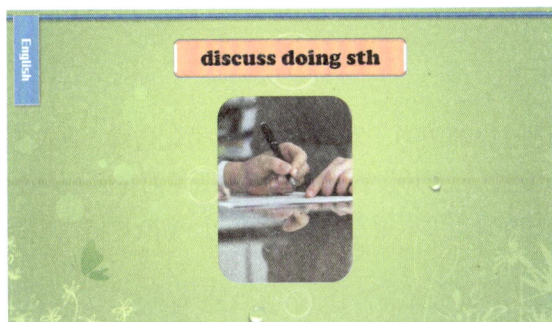

图 3-8 裁剪效果

3. 通过裁剪来填充形状

若要删除图片的某个部分，并仍尽可能用图片来填充形状，可以通过【填充】选项来实现。选择此选项时，可能不会显示图片的某些边缘，但可以保留原始图片的纵横比，如图3-9所示。

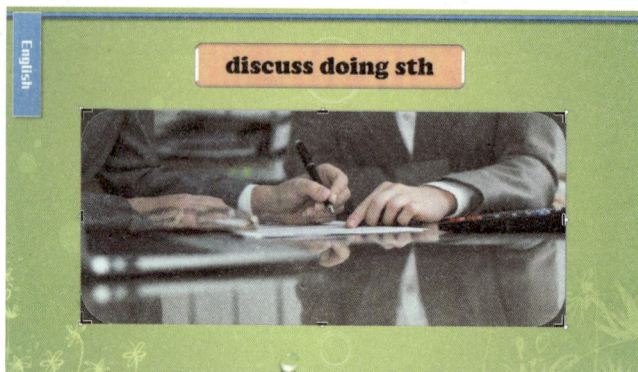

图3-9　裁剪填充

（三）旋转图片

如果需要旋转图片，可以先选中图片，然后将光标移至图片上方绿色的控制点上，当鼠标指针变为🔄形状时，按住鼠标左键不放并移动光标即可旋转图片。在旋转的过程中鼠标指针显示为🔄形状，如图3-10所示。

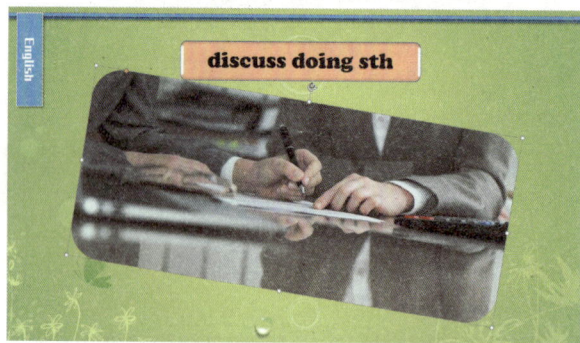

图3-10　旋转图片

三、图片美化

（一）为图片设置样式

插入图片后，可以通过添加阴影、发光、映像、柔化边缘、凹凸和三维（3D）旋转等效果来增强图片的感染力，也可以为图片设置样式来更改图片的亮度、对比度或模糊度等。

选择要设置样式的图片后，可以通过【图片工具】→【图片格式】选项卡中的选项为图片设置样式，如图3-11所示。

图 3-11 【图片格式】选项

为图片设置样式的具体操作步骤如下。

步骤 1 选择要添加效果的图片。单击【图片工具】→【图片格式】选项卡【图片样式】组中左侧的【其他】按钮，在弹出的菜单中选择【柔化边缘椭圆】选项，如图 3-12 所示。

图 3-12 【柔化边缘椭圆】选项

步骤 2 即可将图片设置为柔化边缘椭圆样式，如图 3-13 所示。

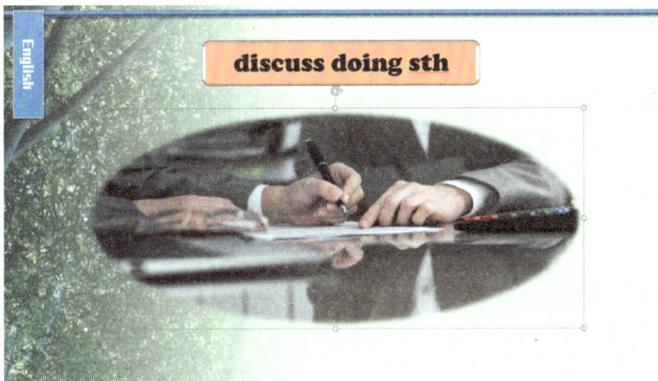

图 3-13 图片格式设置效果

步骤 3 单击【图片工具】→【图片格式】选项卡中的【图片效果】按钮，在弹出的下拉菜单中选择【映像】选项，并从其子菜单中选择【映像变体】区域的【半映像：4 磅 偏移量】选项，如图 3-14 所示。

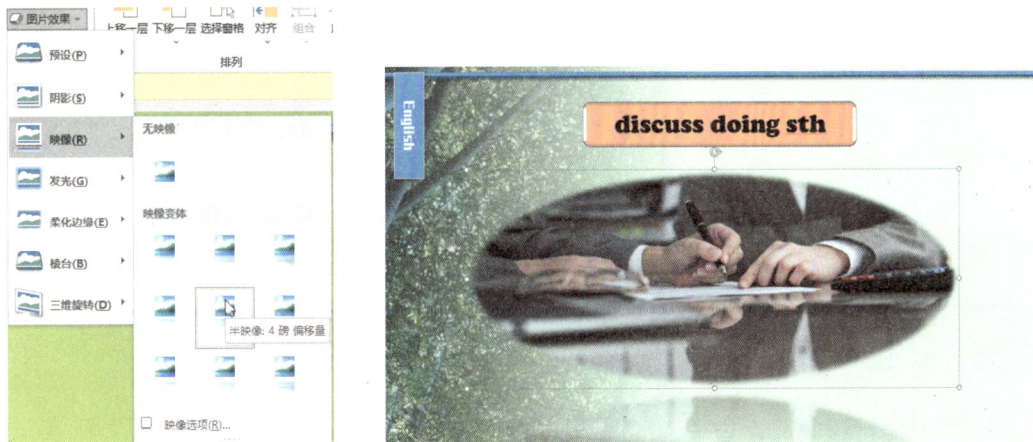

图 3-14 图片映像

步骤 4 单击【图片工具】→【图片格式】选项卡中的【图片效果】按钮，在弹出的下拉菜单中选择【柔化边缘】选项，并从其子菜单中选择【25 磅】选项，更改柔化边缘为 25 磅，如图 3-15 所示。

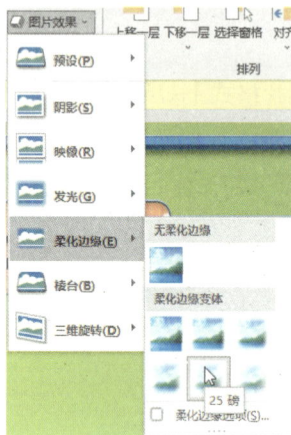

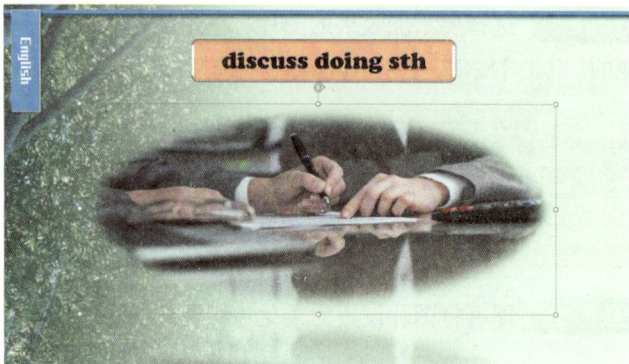

图 3-15 柔化边缘

步骤 5 单击【图片工具】→【图片格式】选项卡中的【图片效果】按钮，在弹出的下拉菜单中选择【三维旋转】选项，并从其子菜单中选择【平行】区域的【等长底部朝下】选项，如图 3-16、图 3-17 所示。

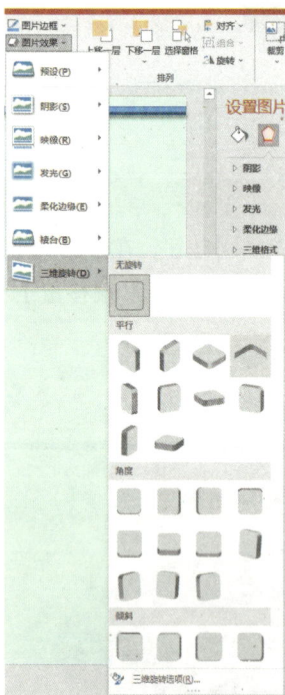

图 3-16 【三维旋转】选项

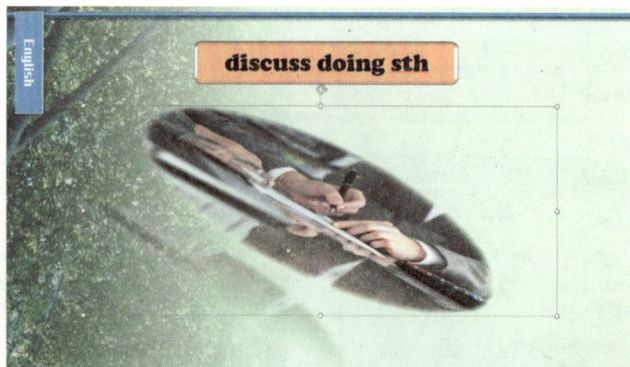

图 3-17 三维旋转效果

（二）为图片设置颜色效果

可以通过调整图片的颜色浓度（饱和度）和色调（色温）对图片重新着色或更改图片中某个

颜色的透明度，也可以将多个颜色效果应用于图片。

步骤1 打开一页带图片的PPT页面，选中图片。单击【调整】组中的【颜色】按钮，在弹出的下拉菜单中选择【颜色饱和度】区域的【饱和度：33%】选项，如图3-18所示。

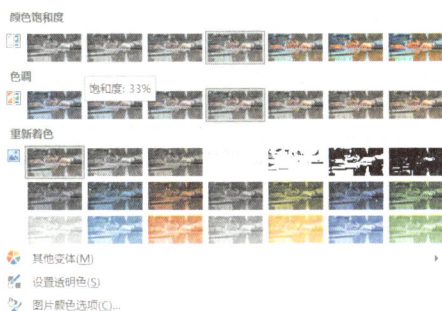

图3-18 图片【颜色】选项

饱和度是颜色的浓度。饱和度越高，图片色彩越鲜艳；饱和度越低，图片越黯淡。

步骤2 单击【调整】组中的【颜色】按钮，在弹出的下拉菜单中选择【色调】区域的【色温：11200K】选项，如图3-19所示。

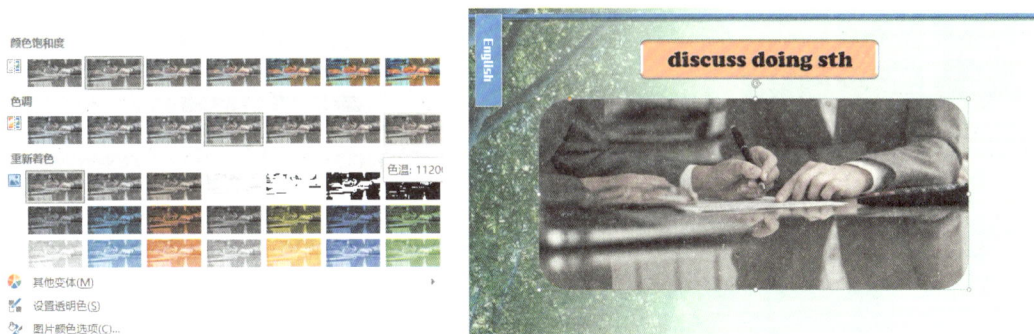

图3-19 色调调整效果

步骤3 单击【调整】组中的【颜色】按钮，在弹出的下拉菜单中选择【重新着色】区域的【蓝色，个性色1浅色】选项。按【Esc】键退出，图片设置的最终颜色效果如图3-20所示。

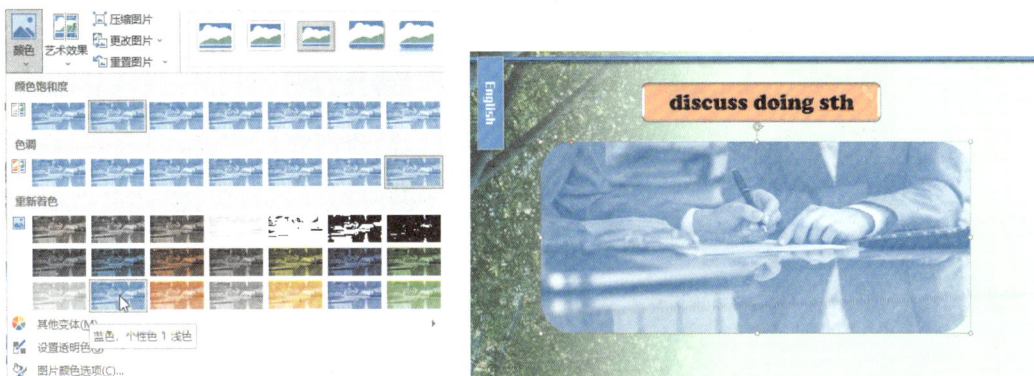

图3-20 重新着色效果

（三）为图片设置艺术效果

可以将艺术效果应用于图片或图片填充，使图片看上去更像草图、绘图或绘画。图片填充是一个形状，或者是其中填充了图片的其他对象。

一次只能将一种艺术效果应用于图片。因此，应用不同的艺术效果会删除以前应用的艺术效果，具体操作步骤如下。

步骤 1 选中幻灯片中的图片，单击【图片工具】→【图片格式】选项卡中的【艺术效果】按钮，如图 3-21 所示。

步骤 2 在弹出的下拉菜单中选择【铅笔灰度】选项，如图 3-22 所示。

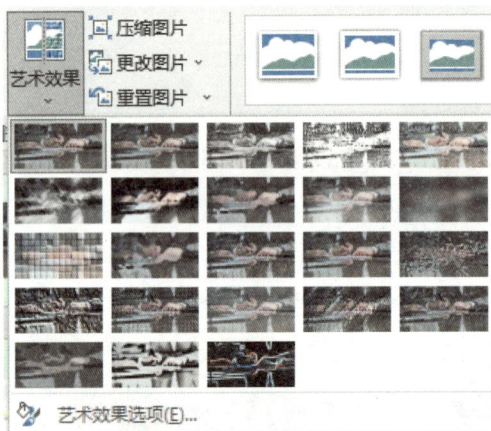

图 3-21 【艺术效果】工具

图 3-22 铅笔灰度

步骤 3 在幻灯片的空白位置处单击退出艺术效果的设置，最终图片效果如图 3-23 所示。

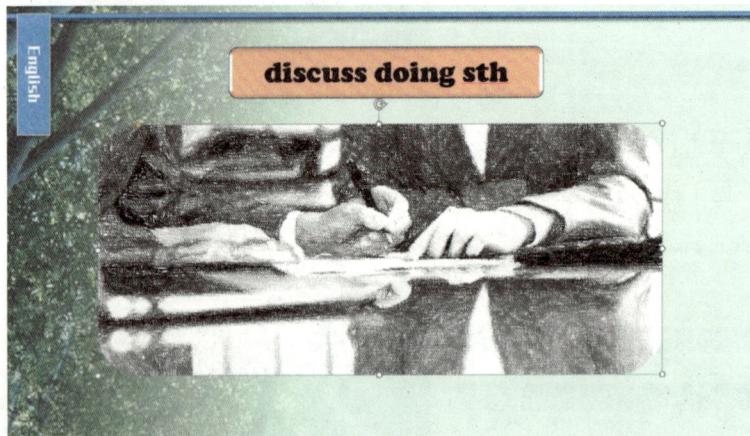

图 3-23 铅笔灰度效果

删除图片的艺术效果，只需要在【艺术效果】下拉菜单中选择【无】选项即可。

第二课　图形的应用

除了在幻灯片中插入图片，还可以在其中添加图形，自选的图形包括线条、矩形、基本形状等。用户还可以根据实际需求自由绘制，对于绘制的图形可进行种编辑，如添加文字、设置形状样式、填充等。

一、绘制形状

在幻灯片中，单击【开始】选项卡【绘图】组中的【形状】按钮，弹出下拉菜单，如图3-24所示。

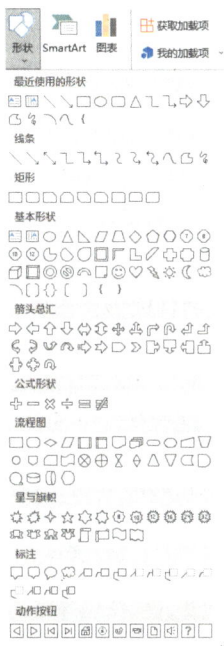

图 3-24 【绘图】组【形状】选项

下拉菜单中的选项可以在幻灯片中绘制包括线条、矩形、基本形状、箭头、公式形状、流程图、星与旗帜、标注和动作按钮等在内的形状。

在【最近使用的形状】区域可以快速找到最近使用过的形状，以便再次使用。

下面介绍绘制形状的具体操作方法。

步骤 1　打开文件，选择幻灯片。单击【开始】选项卡【绘图】组中的【形状】按钮，在弹出的下拉菜单中选择【流程图】区域的【流程图：排序】形状，如图3-25所示。

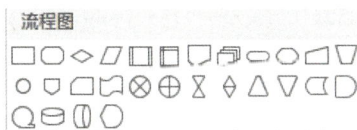

图 3-25 【流程图】选项

步骤 2　此时鼠标指针在幻灯片中的形状显示为+，在幻灯片空白位置处单击，按住鼠标左键不放并拖动到适当位置，释放鼠标左键，绘制的排序形状如图 3-26 所示。

步骤 3 重复之前的操作，在幻灯片中依次绘制【流程图】区域的【对照】形状和【基本形状】区域的【十字形】形状，最终效果如图 3-27 所示。

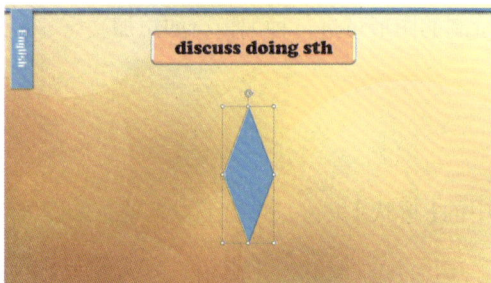

图 3-26　形状样例

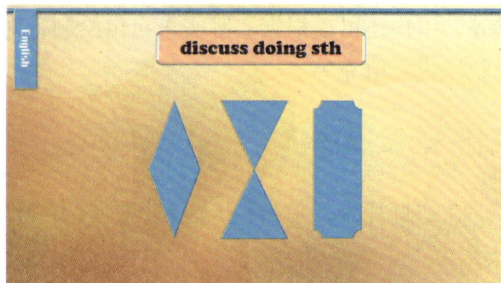

图 3-27　形状样例

另外，单击【插入】选项卡【插图】组中的【形状】按钮，在弹出的下拉列表中选择所需要的形状，也可以在幻灯片中插入相应的形状。

二、排列形状

在幻灯片中绘制多个形状后，可以对这些形状进行排列操作。下面接着"一、绘制形状"这一节绘制的形状实例，介绍排列形状的具体操作步骤。

步骤 1 接着"一、绘制形状"这一节的实例操作，单击选择【排序】形状。

步骤 2 拖曳【排序】形状到【十字形】形状上侧并与其部分重叠，如图 3-28 所示。

步骤 3 单击【绘图工具】→【格式】选项卡【排列】组中的【上移一层】按钮，可以将【排序】形状上移一层，与【十字形】形状重叠的部分就会显示在【十字形】形状的上方，如图 3-29 所示。

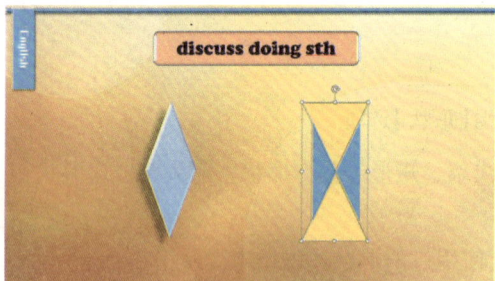

图 3-28　排序

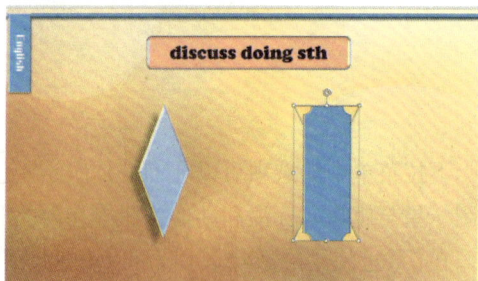

图 3-29　排序效果

步骤 4 按住【Ctrl】键的同时单击 3 个形状，将它们全部选中。然后单击【绘图工具】→【格式】选项卡【排列】组中的【对齐】按钮，在弹出的下拉菜单中选择【左对齐】选项，如图 3-30 所示。

步骤 5 所选中的 3 个形状的对齐方式即被设为左对齐，如图 3-31 所示。

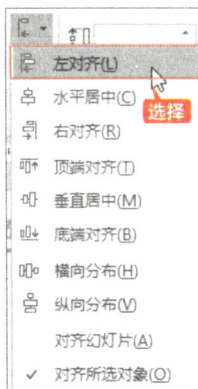

图 3-30 【对齐】选项

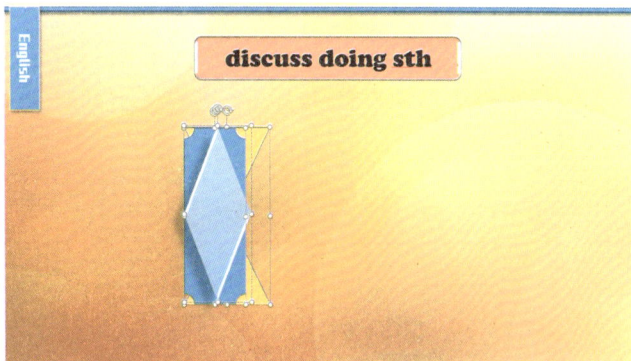

图 3-31 对齐效果

单击【开始】选项卡【绘图】组中的【排列】按钮,在弹出的下拉菜单中选择相应的选项也可以对形状进行排列。

此外,单击【绘图工具】→【形状格式】选项卡【排列】组中的【旋转】按钮,从弹出的菜单中可以对选中的形状进行旋转设置。

单击【绘图工具】→【形状格式】选项卡【排列】组中的【选择窗格】按钮,在【幻灯片】窗格的右侧显示【选择】窗格。通过该窗格可以设置要显示或隐藏的形状,并对它们重新排序,如图 3-32 所示。

在同一幻灯片中插入多个形状时,可以将选中的多个形状组合为一个形状。

单击【绘图工具】→【形状格式】选项卡【排列】组中的【组合】按钮,在弹出的下拉菜单中选择【组合】选项,如图 3-33 所示。

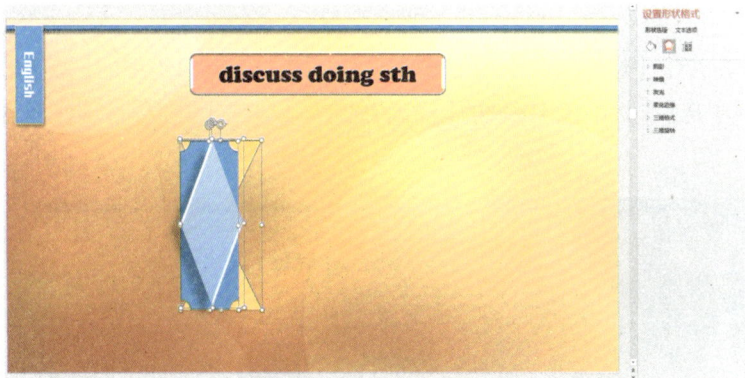

图 3-32 排序

图 3-33 【组合】选项

【排序】和【对照】形状被组合为一个形状,组合后的选中效果如图 3-34 所示。

再次选择【组合】下拉菜单中的【取消组合】选项,如图 3-35 所示,即可取消它们之间的组合而显示为两个单个形状。

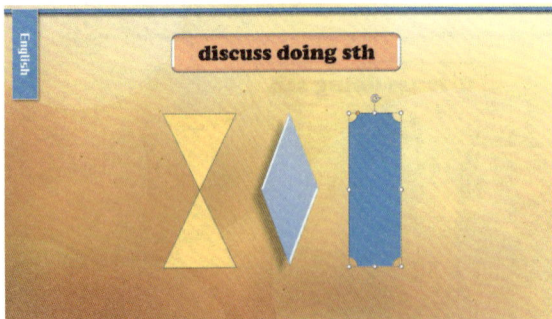

图 3-34　组合形状

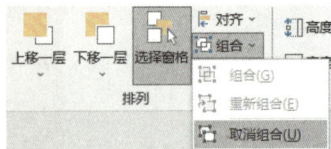

图 3-35　取消组合

可以根据实际需要组合同一幻灯片中的任意几个或全部形状，也可以在组合的基础上再和其他的形状进行组合。

三、设置形状的样式

在【绘图工具】→【形状格式】选项卡【形状样式】组中可以对幻灯片中的形状设置样式，包括设置填充形状的颜色、填充形状轮廓的颜色和形状的效果等，如图 3-36 所示。

图 3-36　【形状样式】选项

步骤 1 继续实例操作，单击【绘图工具】→【格式】选项卡【形状样式】组中的【形状填充】按钮，在弹出的下拉菜单中选择【标准色】区域的【浅蓝】选项。【排序】形状内部即被浅蓝色填充，如图 3-37 所示。

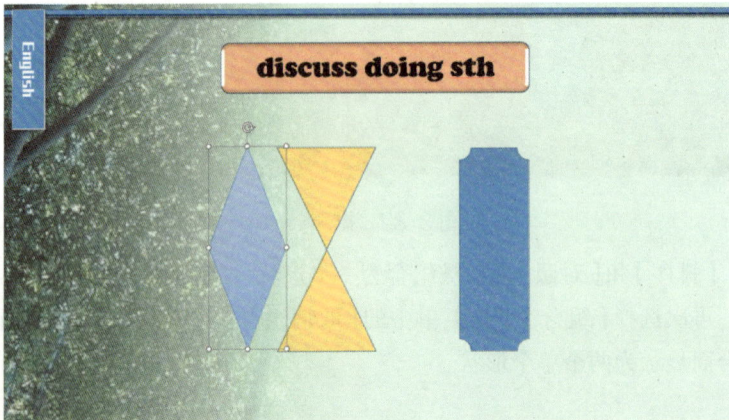

图 3-37　【形状填充】选项及效果

步骤2　单击【绘图工具】→【形状格式】选项卡【形状样式】组中的【形状轮廓】按钮，在弹出的下拉菜单中选择【标准色】区域的【红色】选项。【排序】形状轮廓即显示为红色，如图 3-38 所示。

步骤3　单击【绘图工具】→【形状格式】选项卡【形状样式】组中的【形状效果】按钮，在弹出的下拉菜单中选择【预设】子菜单中的【预设 5】样式，如图 3-39 所示。

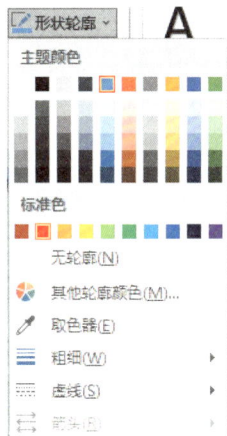

图 3-38　【形状轮廓】选项　　　　　　图 3-39　【形状效果】选项

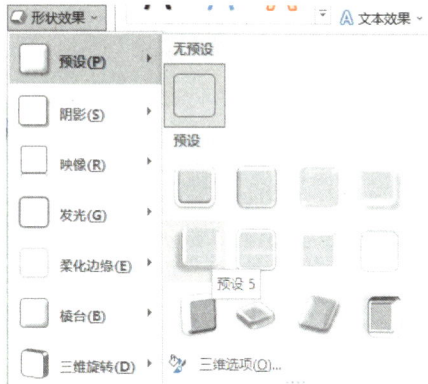

步骤4　完成对【排序】形状使用预设 4 的效果如图 3-40 所示。

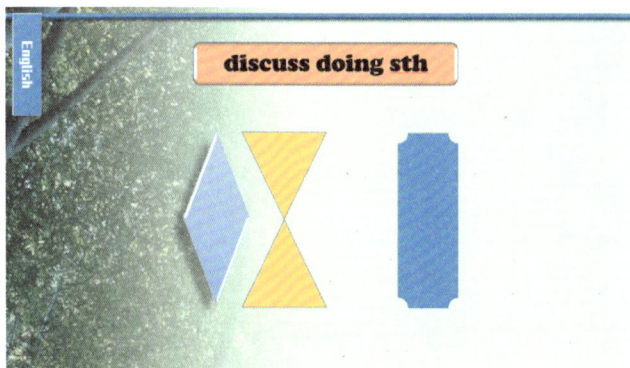

图 3-40　形状效果

四、在形状中添加文字

在文本框中可以添加文字，在绘制或插入的形状中也可以添加文字。具体操作方法如下。

步骤1　使用鼠标右击流程图形状，在弹出的菜单中选择【编辑文字】选项后输入文字，如"主题色"，如图 3-41 所示。

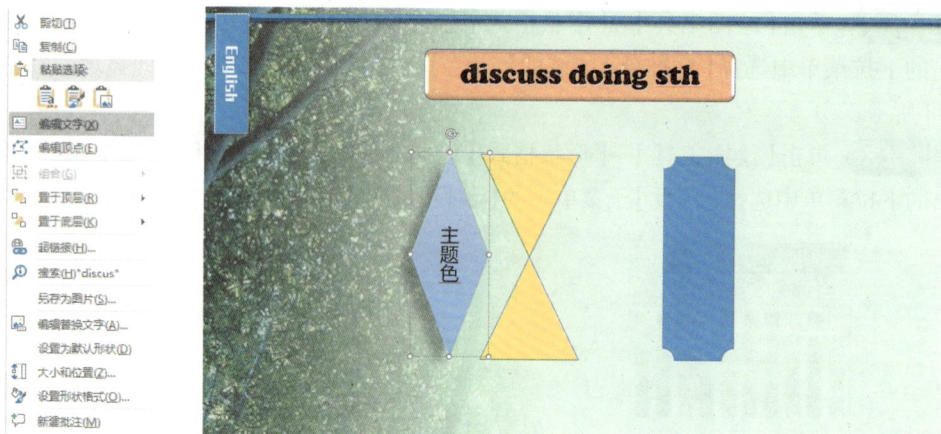

图 3-41 编辑形状文字

步骤2 选中输入的文字，在【开始】选项卡【字体】组中更改文字的字号为"24"，如图 3-42 所示。

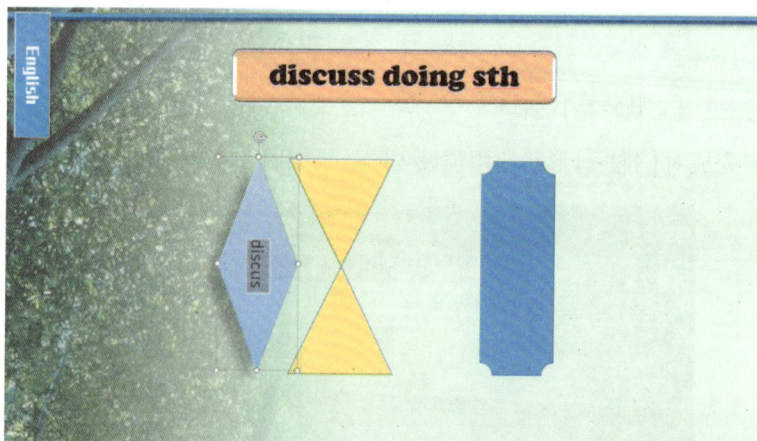

图 3-42 编辑文字效果

步骤3 如果要对形状中已添加的文字进行修改，可以单击该形状直接进入编辑状态。

第三课 图表的应用

形象直观的图表与文字数据相比更容易让人理解，图表可以使幻灯片的显示效果更加清晰，如图 3-43 所示。

图 3-43　样例

在 PowerPoint 2016 中，可以插入幻灯片中的图表包括柱形图、折线图、饼图、条形图、面积图、XY（散点图）、股价图、曲面图、雷达图、树状图、旭日图、直方图、箱形图和瀑布图。【插入图表】对话框可以体现出图表的分类，如图 3-44 所示。

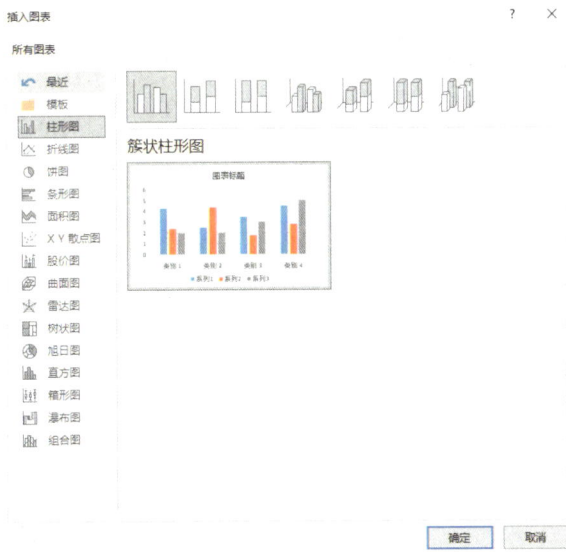

图 3-44　图表分类

本节介绍使用图表中不同类型的图表的方法，以帮助读者学习与掌握。

一、使用柱形图

下面以党员和团员的数据对比为例介绍在幻灯片中使用柱形图的方法，如图 3-45 所示。

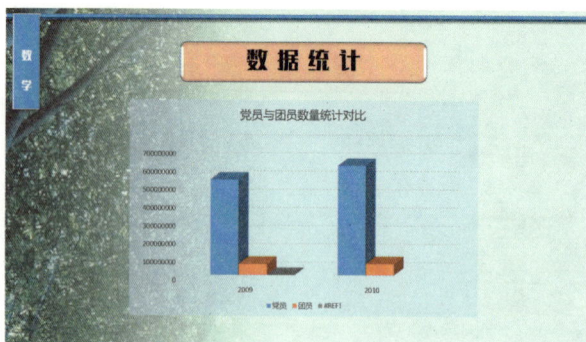

图 3-45　柱形图

步骤 1　打开一份 PPT 文件。

步骤 2　单击功能区的【插入】选项卡【插图】组中的【图表】按钮，如图 3-46 所示。

步骤 3　在弹出的【插入图表】对话框中选择【柱形图】区域的【三维簇状柱形图】图样，如图 3-47 所示。

图 3-46　【图表】选项

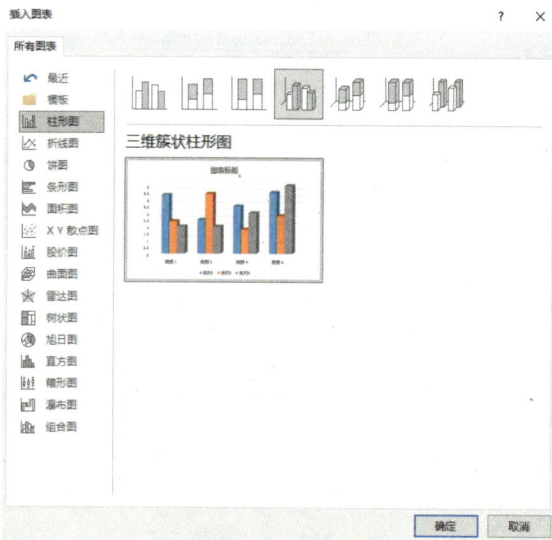

图 3-47　选择柱形图

步骤 4　单击【确定】按钮后会自动弹出 Excel 2016 软件的界面，在单元格中输入需要显示的数据，如图 3-48 所示。

数据		
年	党员	团员
2009	524073103	60409284
2010	601724309	61883333
总计	1125797412	122292617

图 3-48　数据表格

步骤5 输入完毕后关闭Excel表格即可在幻灯片中插入一个柱形图，如图3-49所示。

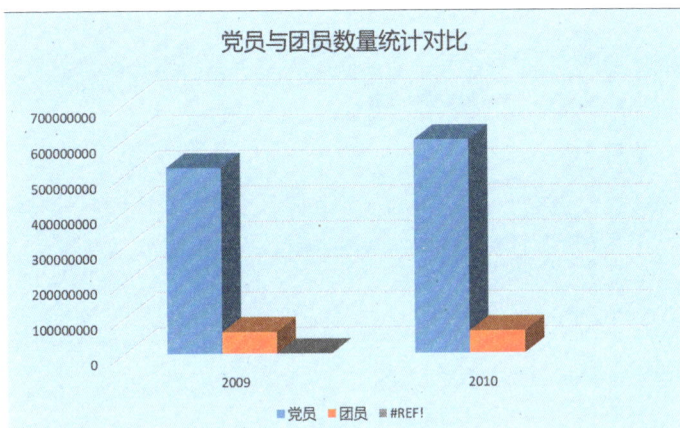

图 3-49 柱形图效果

步骤6 单击幻灯片中的"图表标题"占位符，输入文字"党员与团员数量统计对比"。

单击选择插入的图表后，功能区显示【图表工具】→【设计】【布局】和【格式】选项卡，通过各选项卡各组中的选项可以对插入的图表类型、布局、样式等进行修改，也可以重新编辑图表中的文字内容。

二、使用折线图

折线图与柱形图类似，也可以很好地显示在工作表中以行和列排列的数据。区别在于折线图可以显示一段时间内连续的数据，特别适合用于显示趋势。

下面以月考90分以上人数统计数据为例介绍在幻灯片中使用折线图的方法，如图3-50所示。

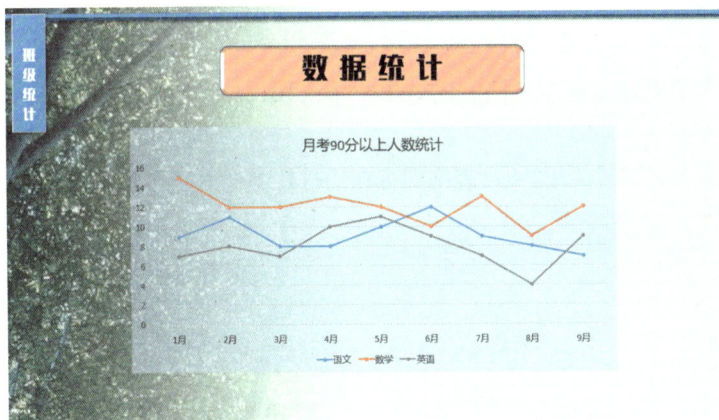

图 3-50 折线图

步骤1 类同上一节的操作，单击【插入】选项卡【插图】组中的【图表】按钮。在弹出的【插入图表】对话框中选择【折线图】区域的【带数据标记的折线图】图样，如图3-51所示。

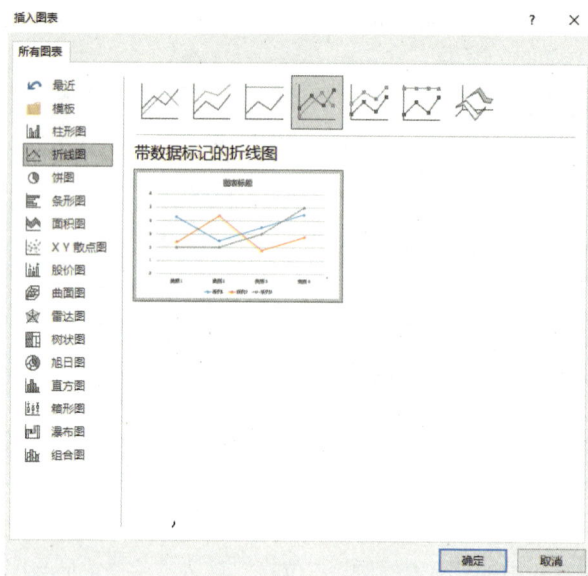

图 3-51 选择折线图

步骤2 单击【确定】按钮后会自动弹出 Excel 2016 软件的界面，在单元格中输入需要显示的数据，如图 3-52 所示。

	语文	数学	英语
1月	9	15	7
2月	11	12	8
3月	8	12	7
4月	8	13	10
5月	10	12	11
6月	12	10	9
7月	9	13	7

图 3-52 数据表格

步骤3 为了更好地显示截图后的效果，单击 Excel 界面功能区的【最小化显示】按钮，将功能区最小化显示。

步骤4 输入完毕后关闭 Excel 表格即可在幻灯片中插入一个折线图，如图 3-53 所示。

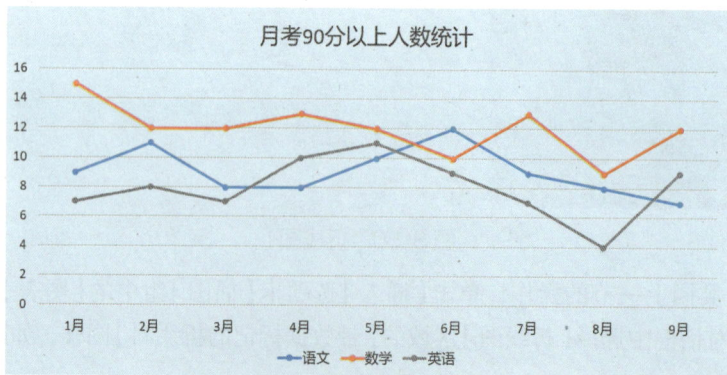

图 3-53 折线图效果

步骤5 在图表中输入标题，最终效果如图 3-54 所示。

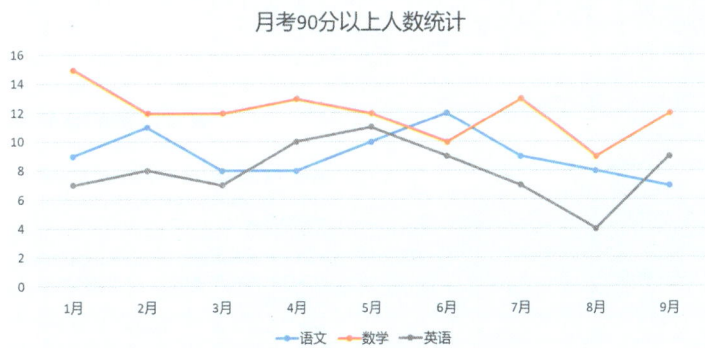

图 3-54 折线图效果

第四课 项目实例

实训一 制作"直线与圆的位置关系"课件

一、实训目标

直线与圆的位置关系是数学几何课程中的一个重要知识点。利用 PowerPoint 2016 可以绘制出直线与圆的位置关系，从而辅助教学，提高教学质量。要求进行图形的绘制、图形的填充与线条的设置等操作。

二、实训步骤

步骤 1 新建一个空白演示文稿，保存为"直线与圆的位置关系.pptx"，选择【开始】→【幻灯片】→【版式】→【空白】，幻灯片即可修改为空白版式。

步骤 2 在空白处单击鼠标右键，单击【设置背景格式】→【填充】→【图片或纹理】→【图片源】→【插入】，在弹出的【插入图片】对话框选择【从文件】，然后选择"背景图片.jpg"作为幻灯片的背景，如图 3-55、图 3-56 所示。

图 3-55 背景图片插入

图 3-56 背景效果图

步骤 3 单击【插入】→【文本】→【文本框】→【绘制横排文本框】，在空白的幻灯片中分别插入 4 个横排文本框，并输入相应的文字，并对文字进行对齐及美化，如图 3-57、图 3-58 所示。

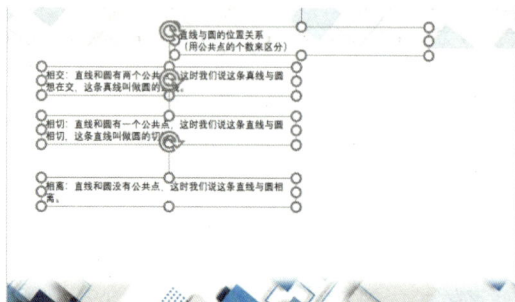

图 3-57　插入文本

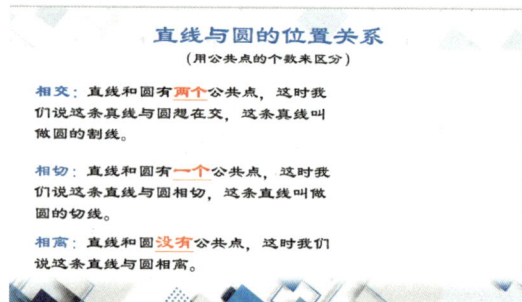

图 3-58　美化文本

步骤 4　单击【插入】→【插图】→【形状】，在弹出的下拉列表框中选择【基本形状】→【椭圆】，如图 3-59 所示

步骤 5　按住键盘上的【Shift】不放，在幻灯片合适位置拖动鼠标，画出一个正圆，如图 3-60 所示。

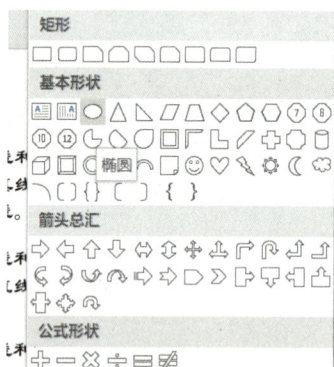

图 3-59　选择椭圆图形

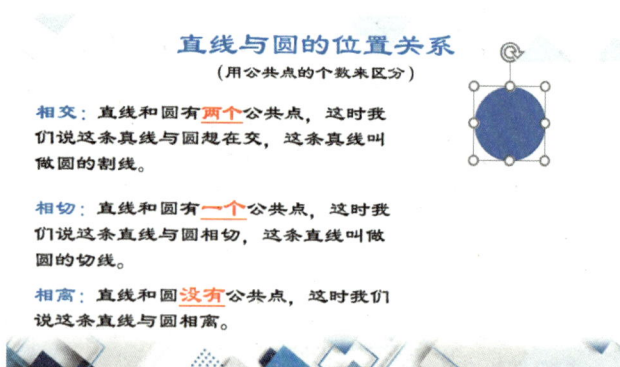

图 3-60　插入图形

步骤 6　选中刚插入的图形，单击【形状格式】→【形状样式】→【形状填充】，在弹出的下拉列表中选择【无填充】选项。单击【形状格式】→【形状样式】→【形状轮廓】，在弹出的下拉列表中选择【标准色】中的"深蓝色"，粗细设为 1.5 磅，并设置圆形的宽度为 4cm，高度为 4cm，如图 3-61、图 3-62 所示。

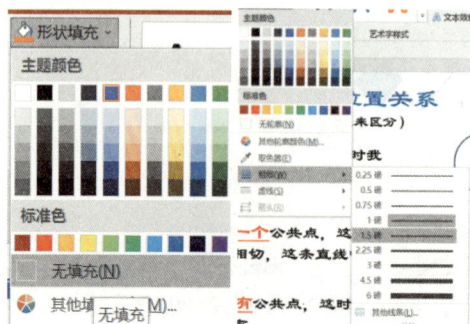

图 3-61　图形设置

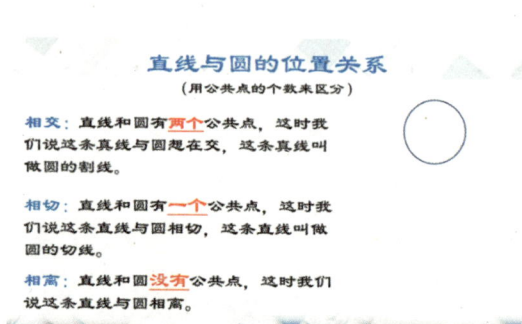

图 3-62　图形最终效果图

步骤 7　用同样的操作步骤再绘制 2 个圆形，如图 3-63 所示。

步骤 8　按住【Ctrl】键不放，选中 3 个圆形，单击【开始】→【绘图】→【排列】，在弹出的下拉菜单中选择【放置对象】→【对齐】→【左对齐】，确定 3 个圆形在幻灯片中的位置，如图 3-64 所示。

图 3-63　绘制其余图形

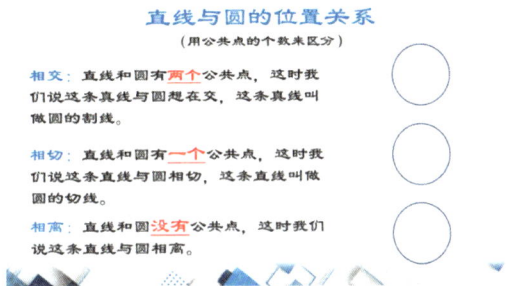

图 3-64　对齐自选图形

步骤 9　单击【插入】→【插图】→【形状】，在弹出的下拉列表框中选择【线条】→【直线】，在幻灯片中拖动鼠标绘制出一条水平直线，如图 3-65 所示

步骤 10　用鼠标选中直线，单击【形状格式】→【形状样式】→【形状轮廓】，在弹出的下拉列表中选择【标准色】中的"红色"，粗细设为 1.5 磅，宽度为 4cm，并调整位置使其与第一个圆相交，如图 3-66 所示。

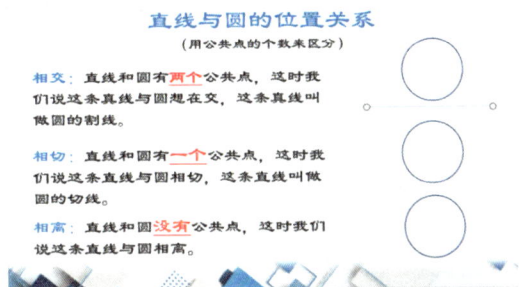

图 3-65　插入直线

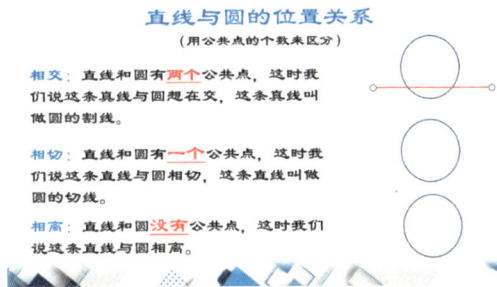

图 3-66　设置图形直线属性

步骤 11　按同样的方法绘制其余两条直线，并调整位置。

步骤 12　单击【插入】→【文本】→【文本框】→【绘制横排文本框】，在幻灯片中输入其余的文本并进行格式的设置，最终效果如图 3-67 所示。

图 3-67　图片效果

实训三　利用图表制作数据展示课件

一、实训目标

制作一份数据展示PPT，并总结各分项的项目特点，制作一页特点整合图示。

这是一份关于大学生一个月生活费用的调查数据，共调查一个班65人。

其中，月生活费在2000元以上的有13人；月生活费在1000—2000元的有19人；月生活费在700—1000元的有29人；月生活费在700以下的有4人。

一个月的主要消费（除去基本生活消费）方面如下（每人可多选）：包含人情消费的有22人；包含谈恋爱消费的有17人；包含游戏消费的有13人；包含购物消费的有42人；包含旅游消费的有14人；包含学习消费的有28人；包含生活消费的有45人；包含其他消费的有19人。

二、实训步骤

下面制作数据展示PPT。

步骤 1　单击【插入】选项卡【插图】组中的【图表】按钮。

步骤 2　在弹出的【插入图表】对话框中选择【条形图】区域的【簇状条形图】图样。

步骤 3　单击【确定】按钮后会自动弹出Excel 2016软件的界面，在单元格中输入需要显示的数据，删除多余的列，如图3-68所示。

步骤 4　输入完毕后关闭Excel表格即可在幻灯片中插入一个条形图，如图3-69所示。

图3-68　数据样例

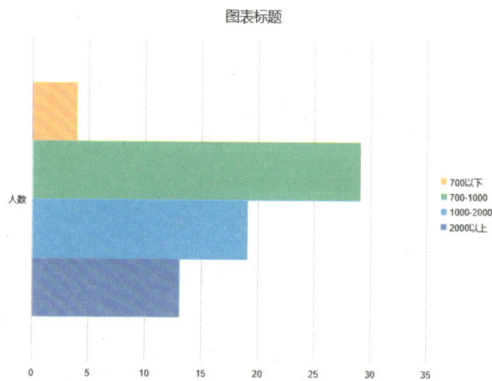

图3-69　条形图

步骤 5　输入文字标题，最终效果如图3-70所示。

数据分析

月生活费数据分析

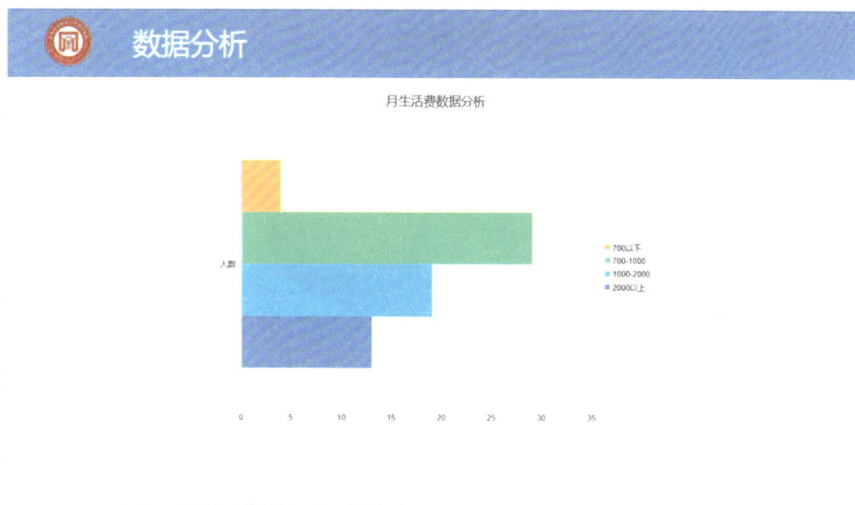

人数

- 700以下
- 700-1000
- 1000-2000
- 2000以上

图 3-70　图表效果

步骤6 选择下一张幻灯片，单击【插入】选项卡【插图】组中的【图表】按钮。

步骤7 在弹出的【插入图表】对话框中选择【饼图】区域的【三维饼图】图样，如图3-71所示。

步骤8 单击【确定】按钮后会自动弹出 Excel 2016 软件的界面，在单元格中输入需要显示的数据，如图 3-72 所示。

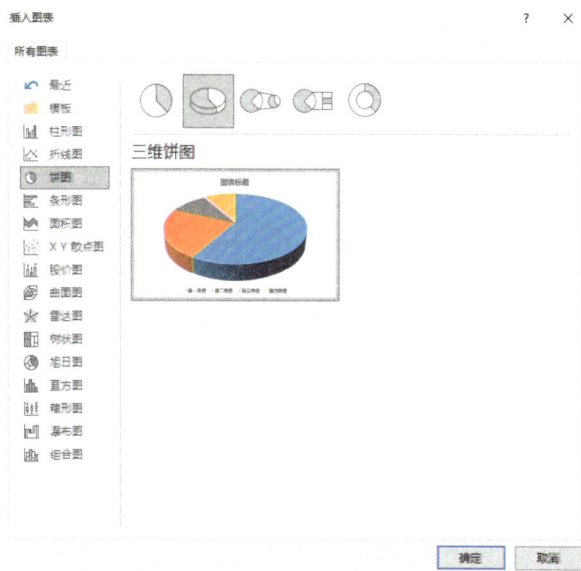

	A	B	C
1		人数	
2	人情消费	22	
3	恋爱消费	17	
4	游戏下误	13	
5	购物消费	42	
6	旅游消费	14	
7	学习消费	28	
8	生活消费	45	
9	其他消费	19	
10			
11			

图 3-71　【三维饼图】选项　　　　　图 3-72　表格样例

步骤9 输入完毕后关闭 Excel 表格即可在幻灯片中插入一个三维饼图，如图 3-73 所示。

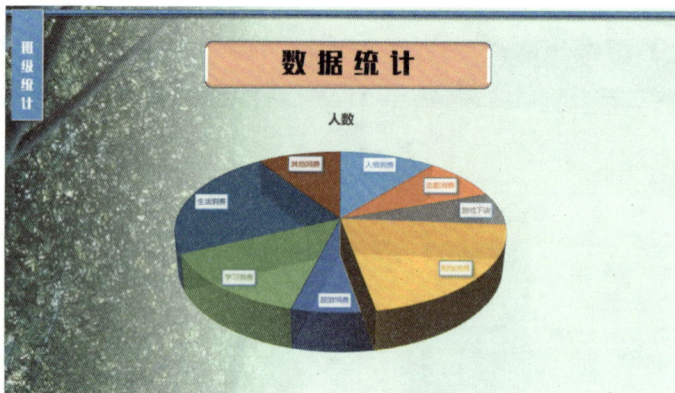

图 3-73　插入三维饼图

可以将创建的饼图的一部分拉出来与饼图分离，以更清晰地表达效果，如图 3-74 所示。

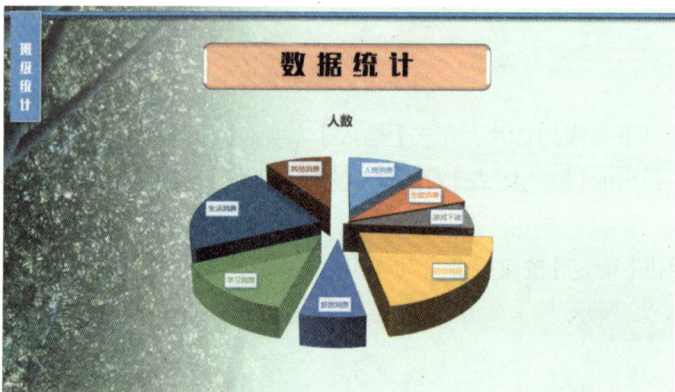

图 3-74　分离饼图

可以看出，大学生消费范畴与比例大部分都较正常，在游戏中花费较小；网购情况比较普遍；对于人情消费都有一定的花费，说明所调查大学生都有一定的人际交往。从这次数据分析来看，所调查大学生消费比较理性，有自己的理财方式，铺张浪费的较少。

第五课　项目拓展

拓展一　SmartArt 图形应用

SmartArt 图形是信息和观点的视觉表示形式。可以通过从多种不同布局中进行选择来创建 SmartArt 图形，从而快速、轻松和有效地传达信息。

下面通过使用 SmartArt 图形，制作一份数据展示 PPT，可以创建数据指标分解图并将其包括在演示文稿中。

步骤 1　启动 PowerPoint 2016，然后选择一张幻灯片，如图 3-75 所示。

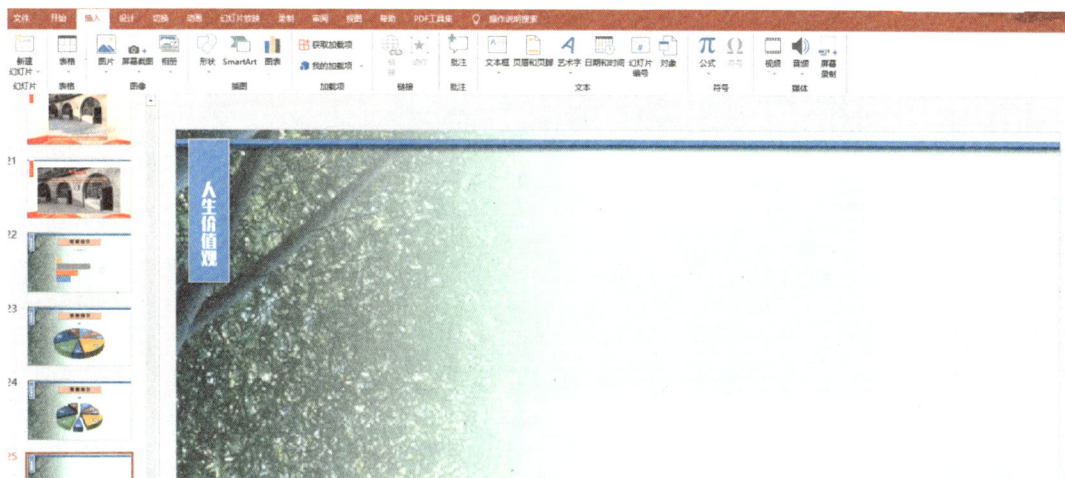

图 3-75　选择幻灯片

步骤 2　单击功能区的【插入】选项卡【插图】组中的【SmartArt】按钮插入SmartArt图形，如图 3-76 所示。

图 3-76　smatart图形选项卡

步骤 3　在弹出的【选择SmartArt】对话框中选择【层次结构】区域的【水平多层层次图】图样，然后单击【确定】按钮，如图 3-77 所示。

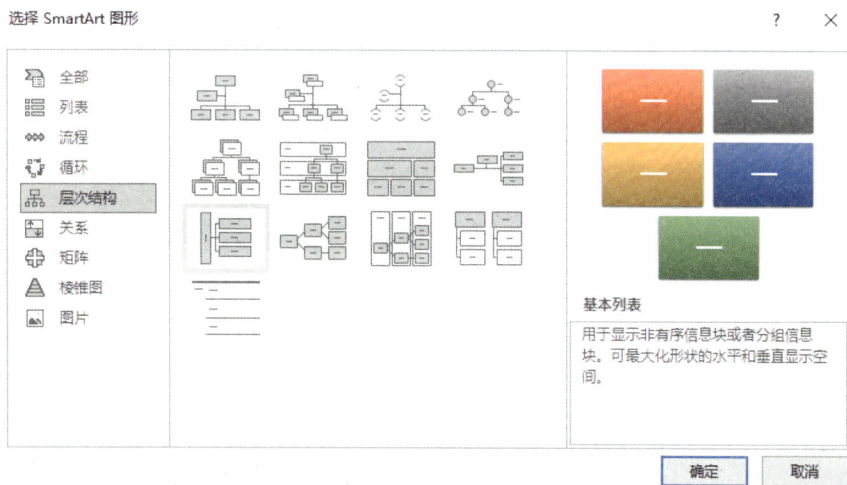

图 3-77　层次结构

步骤 4　即可在幻灯片中创建一个水平多层层次结构图，同时出现一个【文本】窗格，如图 3-78 所示。

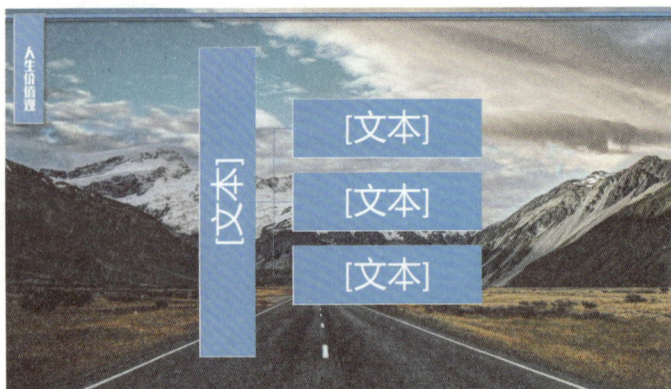

图 3-78　层次结构文本

步骤 5　创建层次结构图后，可以直接单击幻灯片的层次结构图中的"文本"输入文字内容，也可以单击【文本】窗格中的"文本"来添加文字内容。

　　【文本】窗格被关闭后，幻灯片左侧会显示一个控件。单击该控件按钮，可以将【文本】窗格再次显示出来。此外，单击【SmartArt工具】→【设计】选项卡【创建图形】组中的【文本窗格】按钮也可将【文本】窗格再次显示出来。

步骤 6　单击幻灯片中的SmartArt图形，并单击与要添加新形状位置最近的现有形状，如图 3-79 所示。

图 3-79　新增形状

步骤 7　单击【SmartArt工具】→【设计】选项卡【创建图形】组中的【添加形状】按钮，在弹出的下拉菜单中选择【在下方添加形状】选项，如图 3-80 所示。

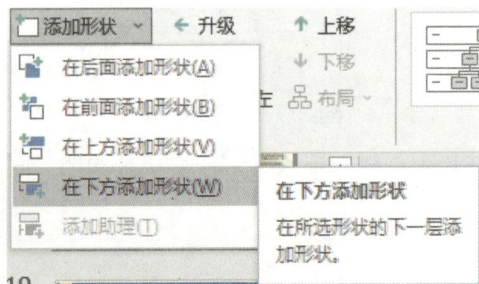

图 3-80　【添加形状】选项

步骤8 即可在所选择形状的下方添加一个新的形状，且该新形状处于被选中状态，如图 3-81 所示。

图 3-81 添加形状

步骤9 也可以单击【文本】窗格中现有的窗格，将指针移至文本之前或之后要添加形状的位置，然后按【Enter】键即可。

步骤10 继续添加其他形状，最终效果如图 3-82 所示。

图 3-82 完成文本

步骤11 选择"大学生的人生价值观"形状。单击【SmartArt 工具】→【格式】选项卡【形状样式】组中的【形状填充】按钮，在弹出的下拉菜单中选择【主题颜色】区域的【水绿色，个性色 5，淡色 40%】选项。即为水绿色填充，如图 3-83 所示。

步骤12 单击【SmartArt 工具】→【格式】选项卡【形状样式】组中的【形状轮廓】按钮，在弹出的下拉菜单中选择【虚线】子菜单中的【------】选项。形状轮廓即显示"------"，如图 3-84 所示。

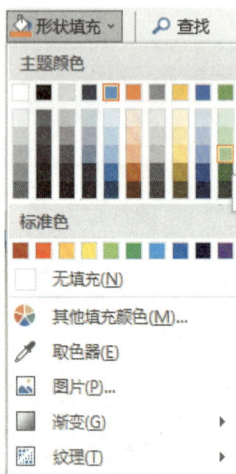

图 3-83 【主题颜色】选项

图 3-84 【形状轮廓】选项

步骤 13 继续选中形状，单击【SmartArt 工具】→【格式】选项卡【形状样式】组中的【形状效果】按钮，在弹出的下拉菜单中选择【柔化边缘】子菜单中的【2.5 磅】选项。

步骤 14 选择 "忆苦思甜" 形状，单击【SmartArt 工具】→【格式】选项卡【形状样式】组中的【其他】按钮 ▼，在弹出的菜单中选择【细微效果-水绿色，强调颜色 5】图样，如图 3-85 所示。

图 3-85 【形状样式】选项

步骤 15 更改形状部分样式后的效果如下图所示，如图 3-86 所示。

图 3-86 更改后效果

拓展二 文本与图形之间的转换

步骤 1 打开幻灯片，如图 3-87 所示。

图 3-87 选择样例

步骤 2 单击内容文字占位符的边框，如图 3-88 所示。

图 3-88　选择文字占位符

步骤 3　单击【开始】选项卡【段落】组中的【转换为 SmartArt】按钮，在弹出的下拉菜单中选择【垂直项目符号列表】图样，如图 3-89 所示。

图 3-89　转换为 Smartart

也可单击【转换为 SmartArt】下拉菜单中的【其他 SmartArt 图形】选项，从弹出的【选择 SmartArt 图形】对话框中选择所要转换的图形。

步骤 4　选择【SmartArt 工具】→【设计】选项卡【版式】组中的【更改版式】下拉列表中的【垂直框列表】图样，如图 3-90 所示。

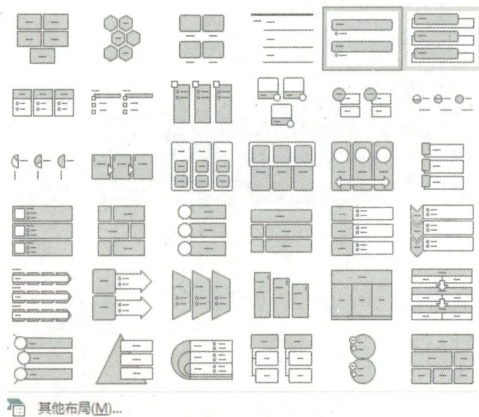

图 3-90　转换版式

步骤5 更改布局后的最终效果如图3-91所示。

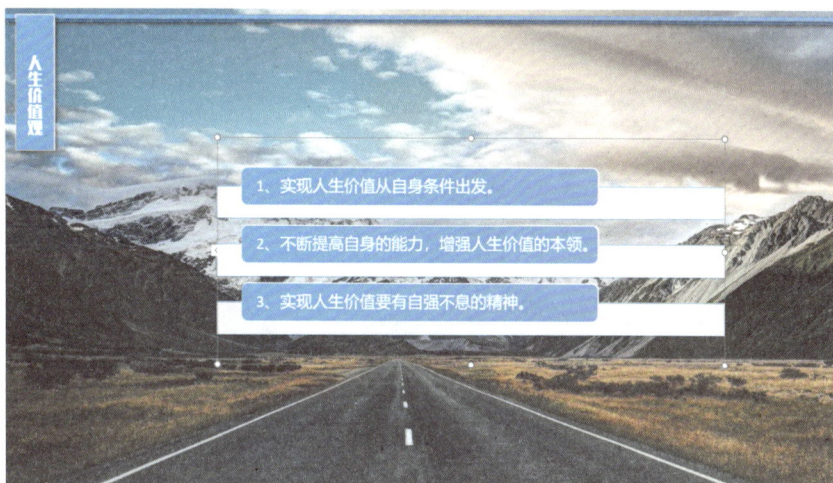

图 3-91 最终效果

拓展三 利用Smartart图形处理段落文字

将小学科学学科标准诠释制作一页图示PPT，清晰地解释出学科的标准含义。这里我们主要用到的是Smartart图形。

具体操作步骤如下。

步骤1 打开幻灯片，将图片及学科标准输入页面当中，如图3-92所示。

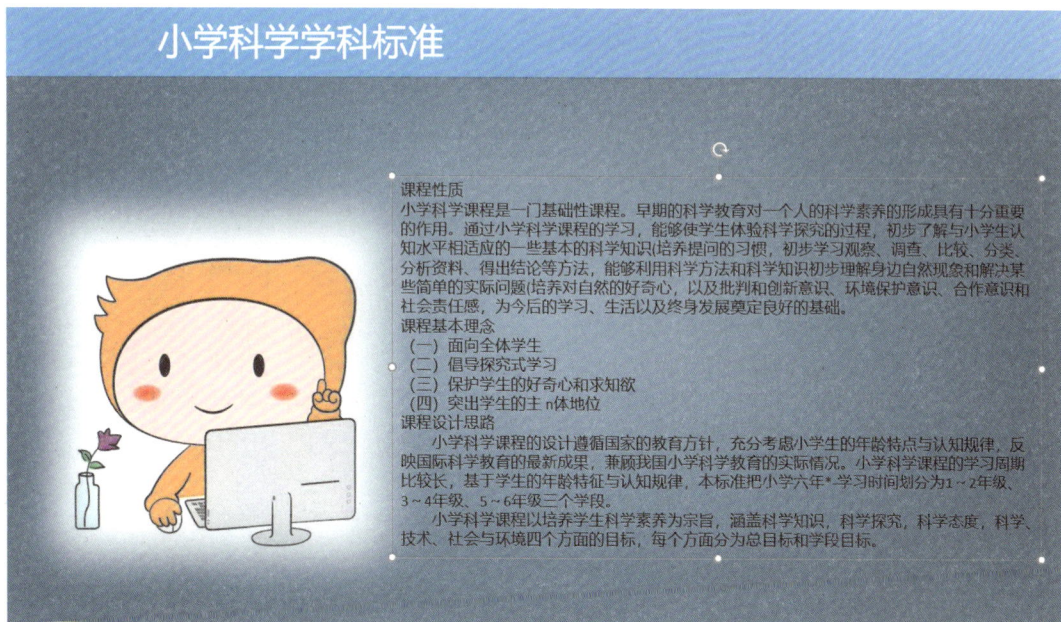

图 3-92 样例页面

步骤2 单击内容文字占位符的边框，如图3-93所示。

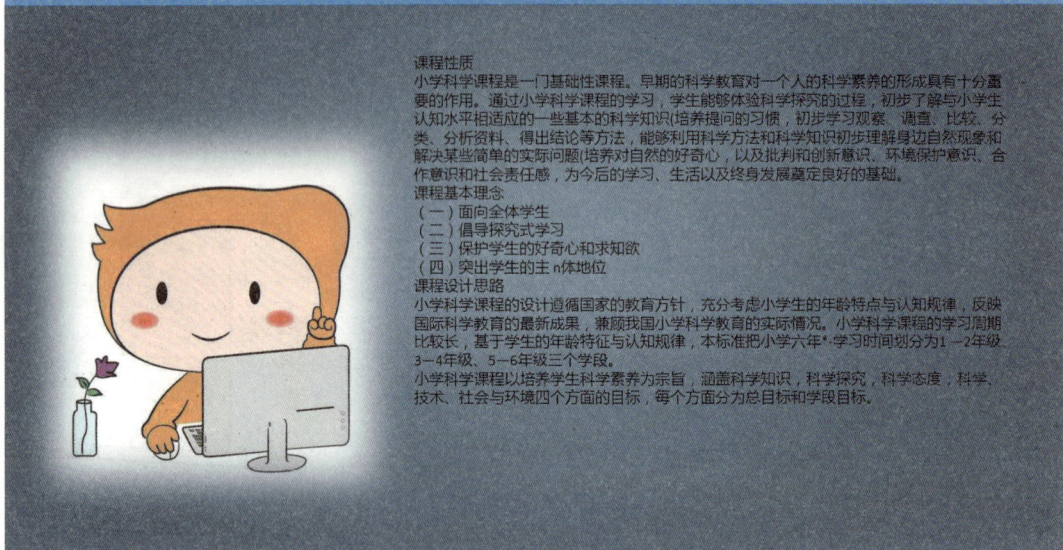

图 3-93　选择文本

步骤 3　单击【开始】选项卡【段落】组中的【转换为 SmartArt】按钮，在弹出的下拉菜单中选择【垂直项目符号列表】图样，如图 3-94 所示。也可单击【转换为 SmartArt】下拉菜单中的【其他 SmartArt 图形】选项，从弹出的【选择 SmartArt 图形】对话框中选择所要转换的图形。

步骤 4　选择【SmartArt 工具】→【设计】选项卡【版式】组中的【更改版式】下拉列表中的【垂直框列表】图样，如图 3-95 所示。

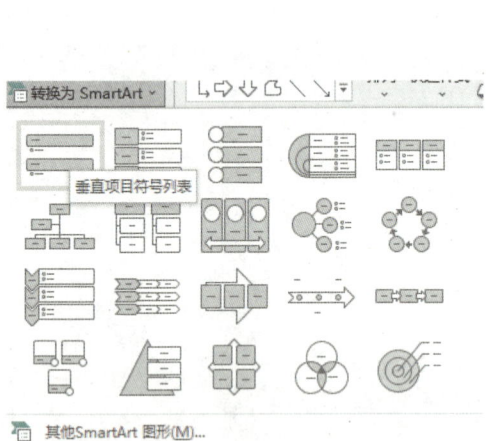

图 3-94　转化为 Smartart

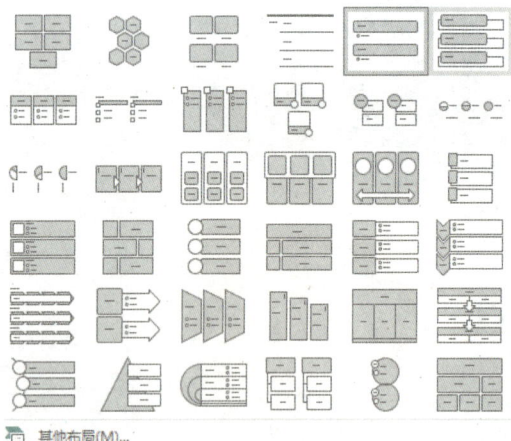

图 3-95　【版式】选项

步骤 5　更改布局后的最终效果如图 3-96 所示。

图 3-96　最终效果

微实践

一、填空题

1. 在 PowerPoint 2016 中，通过 ＿＿＿＿＿＿＿＿ 选项可以将插入的图片直接裁剪为长：宽为 3:4 的固定比例。

2. 各种类型的图表中，能直观展示数据占比分布的有 ＿＿＿＿＿＿＿ 、 ＿＿＿＿＿＿＿ 和 ＿＿＿＿＿＿＿ 等。

3. PowerPoint 2016 中，可以通过 ＿＿＿＿＿＿＿ 选项卡 ＿＿＿＿＿＿＿ 组中的【SmartArt】按钮来美化页面。

二、综合实训题

1. 成绩

依据以下成绩单制作一页汇报PPT。成绩单见表3-1。

表 3-1　成绩单

序号	姓名	语文	数学	英语	总分	班级名次
1	闫乐天	89	99	98.5	286.5	1
2	钱听云	89	97	95.5	281.5	2
3	颜玉树	89	93	98	280	3
4	弓以晴	87	94	97	278	4

序号	姓名	语文	数学	英语	总分	班级名次
5	姚小童	87	94	97	278	5
6	马晓林	90	88	98	276	6
7	庚玲玲	86	91	97	274	7
8	左飞双	87	87	98	272	8
9	李友阳	82	91	99	272	9
10	包亚娴	83	86	99.5	268.5	10
11	张立辰	79	94	94.5	267.5	11
12	洛安安	82	89	95	266	12

按上面要求制作以下课件，如图 3-97 所示。

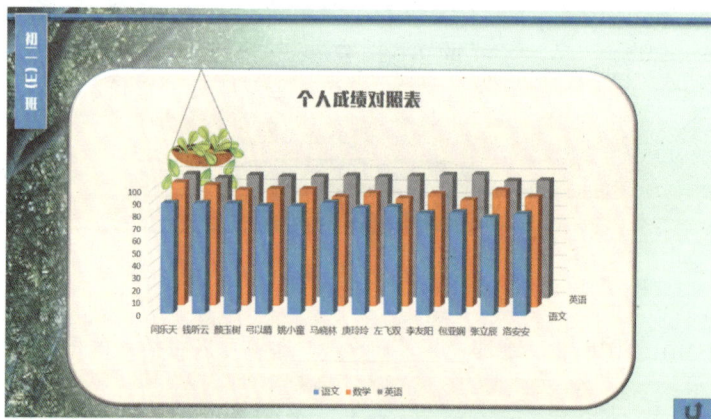

图 3-97　样例

2. 英语

自己选择 1—2 张图片制作一页解释 Shake Hands 含义的讲解 PPT，如图 3-98 所示。

图 3-98　样例

扫一扫 学一学

绘"声"绘"影"

在制作的幻灯片中添加各种多媒体元素，会使幻灯片的内容更加富有感染力。音频和视频不仅能极大地丰富课件内容吸引学生的注意力，而且在讲解某些抽象的知识时，也比纯文字式的讲解更容易让学生接受和理解。因此音频和视频是课件中必不可少的元素之一。本章介绍在 PowerPoint 2016 中添加音频、视频及设置音频和视频的方法。

- 掌握在 PowerPoint2016 中插入音频的方法
- 掌握在 PowerPoint2016 中插入视频的方法
- 学习在 PowerPoint2016 中编辑、控制音频的方法
- 学习在 PowerPoint2016 中编辑、控制视频的方法
- 了解如何在制作课件时合理地应用音频和视频

课件中的音频、视频往往是一堂课中最能抓住学生眼球、吸引学生注意力的地方，所以播放的内容应当是一堂课中最重要的部分，其中不仅仅包含了技术理论知识，正确的思政引导也是必不可少的。

- 随着互联网的飞速发展，海量的音频与视频传播给大学生提供了广阔的交流、学习空间，应在制度和道德上加以约束，避免网络音像信息对大学生的道德观念、价值取向及行为模式产生不利的影响。

- 利用课件的音像材料，展示中国飞速发展取得的重大成果，引导学生厚植爱国主义情怀，建立正确的世界观、人生观和价值观。

第一课　音频文件的添加

一、添加音频

在 PowerPoint 2016 中，可以添加来自文件、剪贴画中的音频，CD 中的音乐，以及自己录制的音频。

（一）PowerPoint 2016 支持的声音格式

PowerPoint 2016 支持的声音格式比较多，表 4-1 所示的这些音频格式都可以添加到 PowerPoint 2016 中。

表 4-1　音频格式

音频文件	音频格式
AIFF 音频文件（aiff)	*.aif、*.aifc、*.aiff
AU 音频文件（au）	*au、*.snd
MIDI 文件（midi)	*.mid、*.midi、*.rmi
MP3 音频文件（mp3）	*.mp3、*.m3u
Windows 音频文件（wav）	*.wav
Windows Media 音频文件 (wma)	*.wma、*.wax
QuickTime 音频文件（aiff ）	*.3g2、*.3gp、*.aac、*.m4a、*.m4b、*.mp4

（二）添加文件中的音频

将文件中的音频文件添加到幻灯片中的具体操作步骤如下。

步骤 1　打开文件，单击要添加音频文件的幻灯片。单击【插入】选项卡【媒体】组中的【音频】按钮，在弹出的下拉列表中选择【PC 上的音频】选项，如图 4-1 所示。

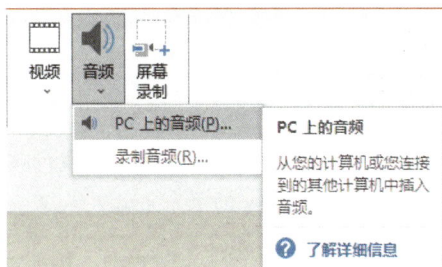

图 4-1　【音频】选项

步骤 2　弹出【插入音频】对话框，在【查找范围】下拉列表中选择所需的音频文件，单击【插入】按钮，如图 4-2 所示。

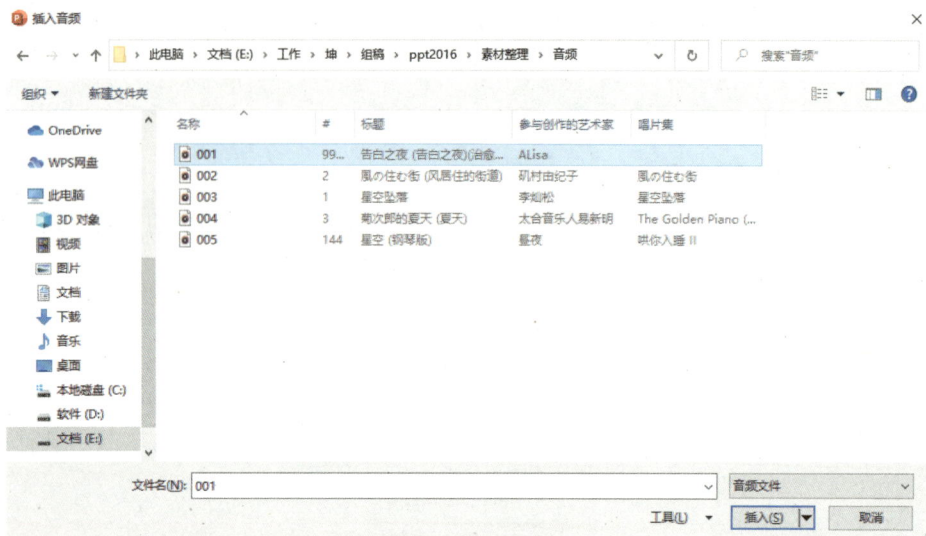

图 4-2　插入音频

步骤3　所需要的音频文件将会直接应用于当前幻灯片中，拖动图标调整至幻灯片中的适当位置，如图 4-3 所示。

图 4-3　插入效果

在幻灯片上插入音频剪辑时，将显示一个表示音频剪辑的图标。

二、编辑音频和控制播放

添加音频后，可以播放音频，并可以设置音频效果、剪裁音频及在音频中插入书签等。

（一）播放音频

在幻灯片中插入音频文件后，可以播放该音频文件以试听效果。播放音频的方法有以下两种。

方法1：选中插入的音频文件后，单击音频文件图标下的【播放】按钮即可播放音频，如图 4-4 所示。

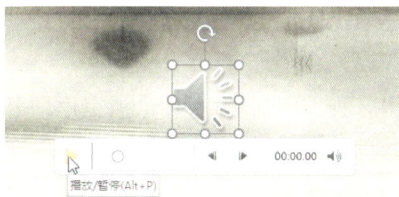

图 4-4 【播放】按钮

另外,单击【向前/向后移动】按钮可以调整播放的速度,也可以使用按钮来调整声音的大小。

方法 2:选中插入的音频文件后,单击【音频工具】→【播放】选项卡【预览】组中的【播放】按钮播放插入的音频文件,如图 4-5 所示。

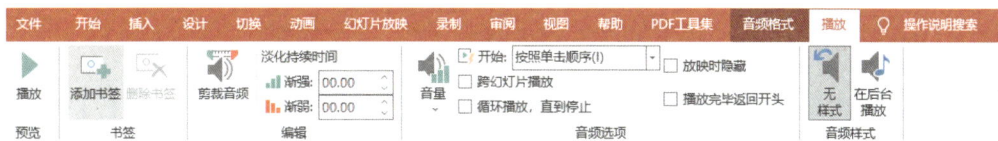

图 4-5 【播放】按钮

(二)设置播放选项

在进行演讲时,可以将音频剪辑设置为在显示幻灯片时自动开始播放、在单击鼠标时开始播放,甚至可以循环连续播放,直至停止播放。

设置播放选项,可以在【音频工具】→【播放】选项卡的【音频选项】组中进行设置。

步骤 1 选中幻灯片中添加的音频文件,可以查看【音频工具】→【播放】选项卡的【音频选项】组中的各选项,如图 4-6 所示。

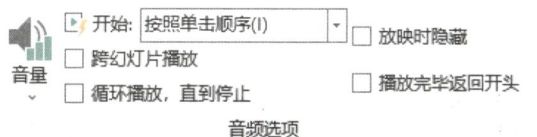

图 4-6 【音频】选项

步骤 2 单击【音量】按钮,在弹出的下拉列表中可以设置音量的大小,如图 4-7 所示。

步骤 3 单击【开始】后的下拉按钮,在弹出的下拉列表中包括【自动】和【单击时】两个选项。可以将音频文件设置为在显示幻灯片时自动开始播放或在单击鼠标时开始播放,如图 4-8 所示。

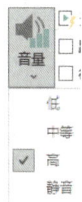

图 4-7 【音量】选项

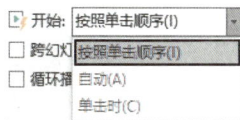

图 4-8 【开始】选项

步骤 4 选中【放映时隐藏】复选框，可以在放映幻灯片时将音频文件图标隐藏而直接根据设置播放，如图4-9所示。

步骤 5 同时选中【循环播放，直到停止】和【播完返回开头】复选框可以设置该音频文件循环播放，如图4-10所示。

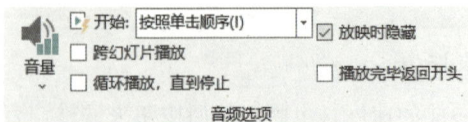

图4-9 【放映时隐藏】选项

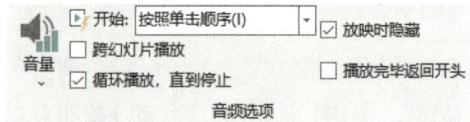

图4-10 循环播放选项

三、添加播放效果

（一）添加淡入淡出效果

在演示文稿中添加音频文件后，除了可以设置播放选项，还可以在【音频工具】→【播放】选项卡的【编辑】组中为音频文件添加渐强和渐弱的效果，如图4-11所示。

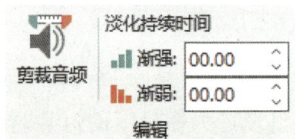

图4-11 编辑音频

在【淡化持续时间】区域的【渐强】文本框中输入数值，可以设置在音频文件开始的几秒内使用淡入效果。

在【渐弱】文本框中输入数值，则可以设置在音频文件结束的几秒内使用淡出效果。

（二）在音频中插入书签

在为演示文稿添加的音频文件中可以插入书签以指定音频文件中的关注时间点，也可以在放映幻灯片时利用书签快速查找音频文件中的特定点。

步骤 1 选择幻灯片中要进行剪裁的音频文件，并单击音频文件图标下的【播放】按钮播放音频。

步骤 2 单击【音频工具】→【播放】选项卡【书签】组中的【添加书签】按钮。

步骤 3 此时即可为当前时间点的音频文件添加书签，书签显示为黄色圆球状，如图4-12所示。

图4-12 书签

一个音频文件中只可以添加一个书签。

第二课 视频文件的添加

一、添加视频

（一）PowerPoint 2016 支持的视频格式

PowerPoint 2016 支持的视频格式也比较多，表 4-2 所示的这些视频格式都可以添加到 PowerPoint 2016 中。

表 4-2　视频格式

视频文件	视频格式
Windows Media 文件（asf）	*.asf、*.asx、*.wpl、*.wm、*.wmx、*.wmd、*.wmz、*.dvr-ms
Windows 视频文件（avi）	*.avi
电影文件（mpeg）	*.mpeg、*.mpg、*.mpe、*.mlv、*.m2v、*.mod、*.mp2、*.mpv2、*.mp2v、*.mpa
Windows Media 视频文件 (wmv)	*.wmv、*.wvx
QuickTime 视频文件	*.qt、*.mov、*.3g2、*.3gp、*.dv、*.m4v、*.mp4
Adobe Flash Media	*.swf

（二）链接到视频文件

可以从 PowerPoint 2016 演示文稿中链接外部视频文件或电影文件，通过链接视频可以解决演示文稿的文件太大的问题。

在 PowerPoint 演示文稿中添加指向视频的链接，具体操作步骤如下。

步骤 1　打开 PPT 文件，在第 1 张幻灯片下方插入一张【空白】的幻灯片，如图 4-13 所示。

图 4-13　样例页面

步骤 2 单击【插入】选项卡【媒体】组中的【视频】下拉按钮，在弹出的下拉列表中选择【此设备】选项，如图 4-14 所示。

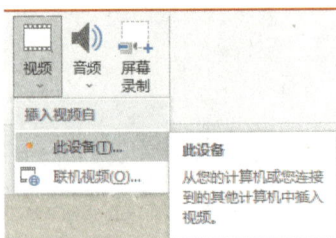

图 4-14 【视频】选项

步骤 3 弹出【插入视频文件】对话框，在【查找范围】下拉列表中找到并选择所需要用的视频文件，单击【插入】右侧的下拉按钮，如图 4-15 所示。

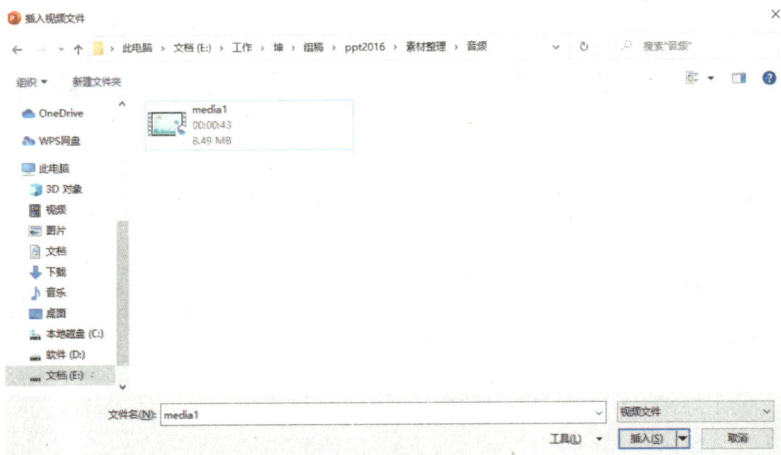

图 4-15 插入视频

步骤 4 在弹出的下拉菜单中选择【链接到文件】命令，如图 4-16 所示。

步骤 5 所需要的视频文件将会直接应用于当前幻灯片中，如图 4-17 所示。

图 4-16 链接到文件

图 4-17 插入视频效果

为了防止可能出现的链接断开，最好先将视频文件复制到演示文稿所在的文件夹中，然后再链接到该视频。

（三）添加文件中的视频

在PowerPoint演示文稿中添加文件中的视频，其操作方法与链接到视频文件类似。具体操作步骤如下。

步骤1 打开文件，在第1张幻灯片下方插入一张【空白】的幻灯片。

步骤2 单击【插入】选项卡【媒体】组中【视频】下拉的按钮，在弹出的下拉列表中选择【此设备】选项，如图4-18所示。

步骤3 弹出【插入视频文件】对话框，找到并选择所需的视频文件，单击【插入】按钮，如图4-19所示。

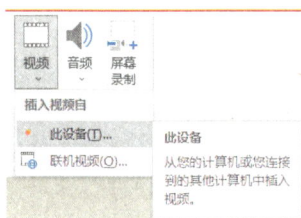

图4-18 【视频】选项   图4-19 插入视频

步骤4 所需的视频文件将会直接应用于当前幻灯片中。预览插入的视频的部分截图如图4-20所示。

图4-20 插入视频效果

步骤5 单击【视频工具】→【格式】选项卡【预览】组中的【播放】按钮，插入幻灯片中的视频文件即开始显示播放界面，如图4-21所示。

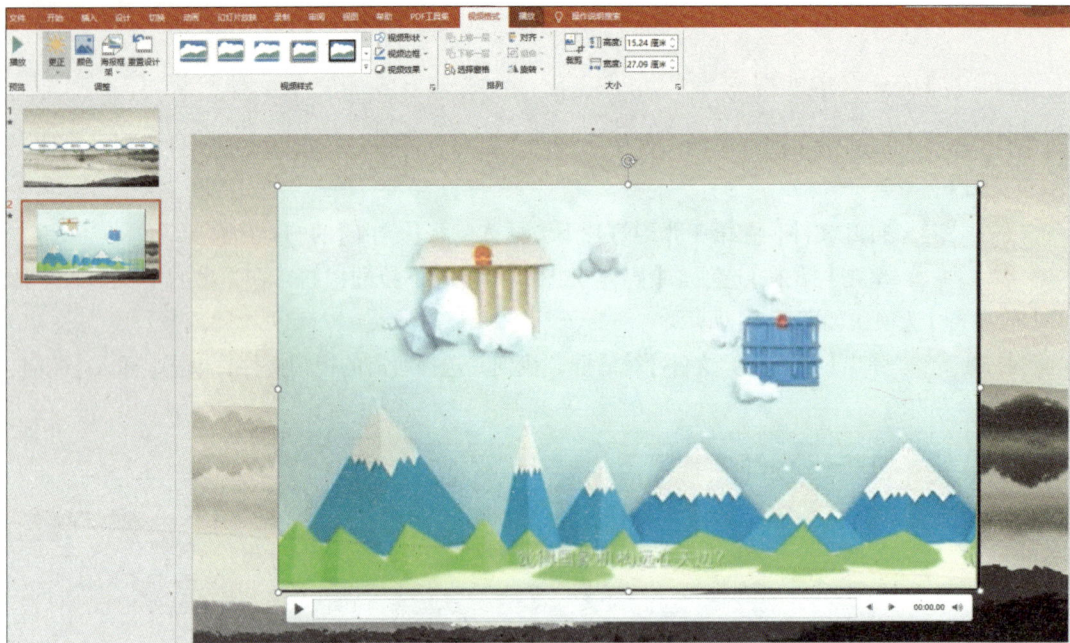

图 4-21　插入视频播放效果

步骤6　单击视频文件中的【播放】按钮即可开始播放，如图 4-22 所示。

图 4-22　【播放】按钮

（四）添加网站中的视频

在 PowerPoint 演示文稿中添加网站中的视频的具体操作步骤如下。

步骤1　打开一个 PPT 文件，在第 1 张幻灯片下方插入一张【空白】的幻灯片，如图 4-23 所示。

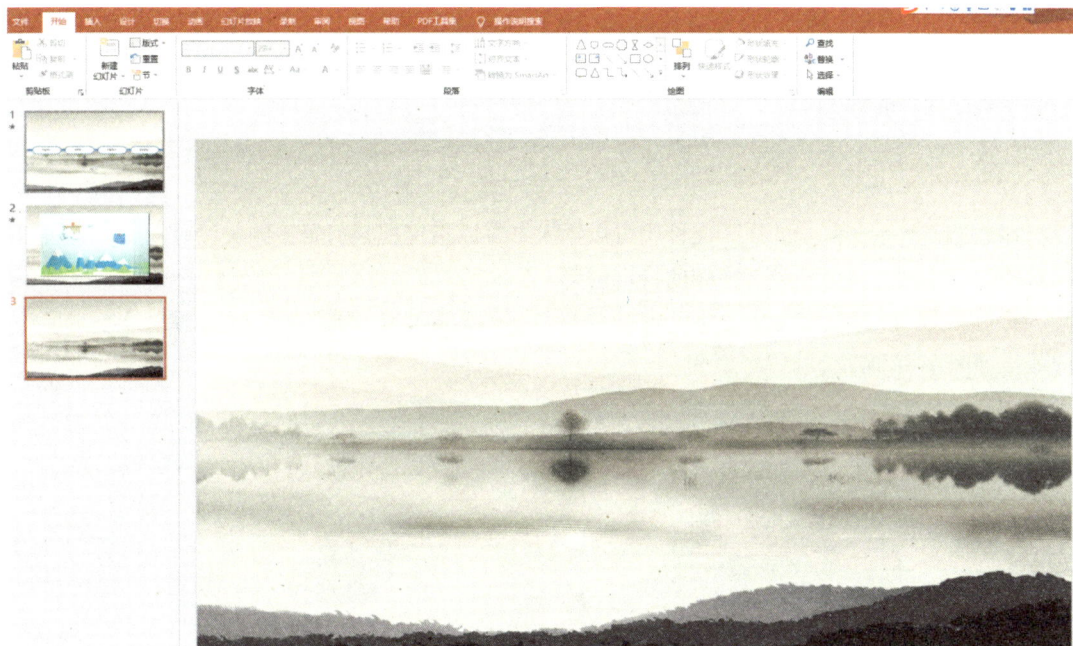

图 4-23 样例页面

步骤 2 单击【插入】选项卡【媒体】组中【视频】下拉的按钮，在弹出的下拉列表中选择【联机视频】选项，如图 4-24 所示。

步骤 3 弹出从网站【插入视频】对话框，根据提示复制粘贴视频链接代码即可，如图 4-25 所示。

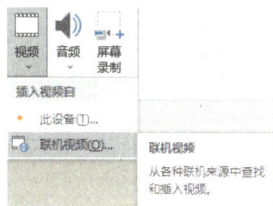

图 4-24 【联机视频】选项

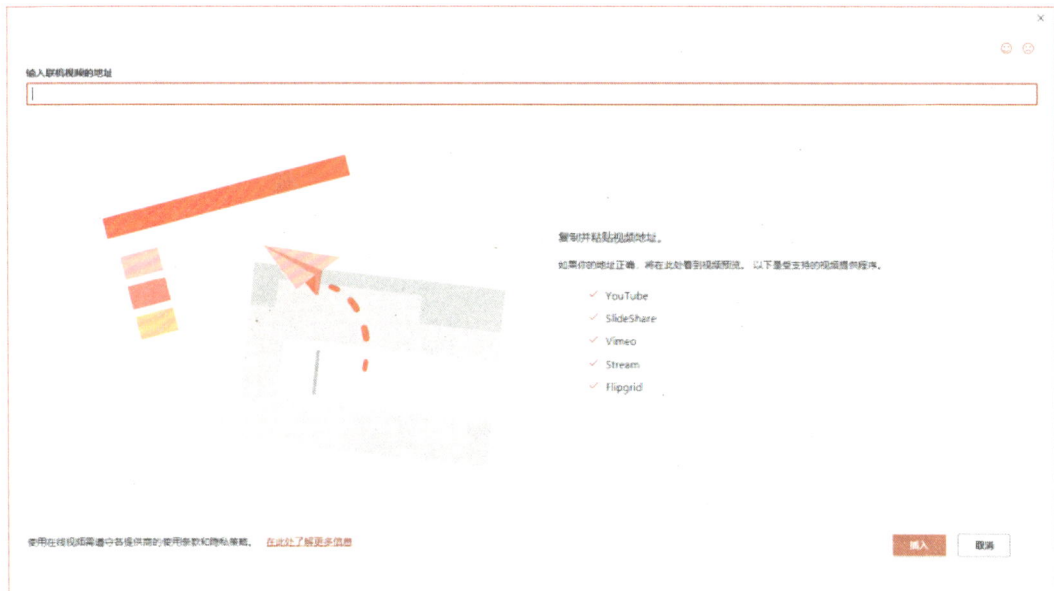

图 4-25 链接代码

步骤 4 单击【插入】按钮，所需要的视频文件将会直接应用于当前幻灯片中。

添加网站中的视频文件需要连接网络，且添加的视频文件需要是网页上的视频文件，不可以是下载的视频文件。

（五）在视频中插入书签

在添加到演示文稿中的视频文件中可以插入书签以指定视频剪辑中的关注时间点，也可以在放映幻灯片时利用书签跳至视频的特定位置。

步骤 1 选择幻灯片中要进行剪裁的视频文件，并单击视频文件下的【播放】按钮播放视频，如图 4-26 所示。

图 4-26 【播放】按钮

步骤 2 单击【视频工具】→【播放】选项卡【书签】组中的【添加书签】按钮。

步骤 3 此时即可为当前时间点的视频剪辑添加书签，书签显示为黄色圆球状，如图 4-27 所示。

图 4-27 添加书签

一个视频文件中可以添加多个书签。

（六）优化演示文稿中多媒体的兼容性

为避免在PowerPoint演示文稿包含媒体（如视频或音频文件）时出现播放问题，可以优化媒体文件的兼容性，轻松地实现与他人共享演示文稿或将其随身携带到另一个地方（当要使用其他计算机在其他地方进行演示时）顺利播放多媒体文件。

步骤 1 打开文件，鼠标指针移至插入的视频文件时显示出播放按钮，如图 4-28 所示。

图 4-28 【播放】按钮

步骤 2 单击【文件】选项卡，从弹出的下拉菜单中选择【信息】命令，单击【优化兼容性】按钮，如图 4-29 所示。

图 4-29 信息命令

如果在其他计算机上播放演示文稿中的媒体，媒体插入格式可能引发兼容性问题，则会出现【优化媒体兼容性】选项。

步骤 3 弹出【优化媒体兼容性】对话框，对幻灯片中的视频文件的兼容性优化完成后，单击【关闭】按钮，如图 4-30 所示。

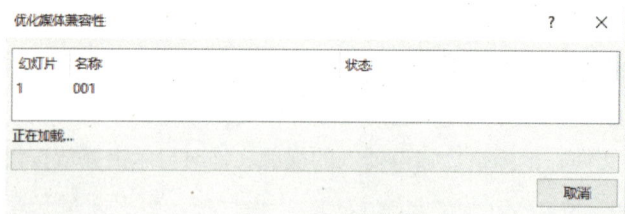

图 4-30　优化媒体兼容性

步骤 4　优化视频文件的兼容性后，【信息】窗口中将不再显示【优化媒体兼容性】选项，如图 4-31 所示。

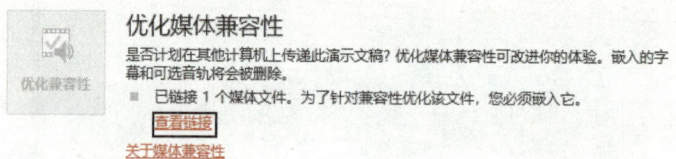

图 4-31　查看链接

在出现【优化媒体兼容性】选项时，该选项会提供可能存在的播放问题的解决方案摘要，也会提供媒体在演示文稿中的出现次数列表。下面是可能引发播放问题的常见情况。

①如果链接了视频，则【优化兼容性】摘要会报告需要嵌入的这些视频。选择【查看链接】选项以继续，在打开的对话框中，只需对要嵌入的每个媒体项目选择【断开链接】选项便可嵌入视频。

②如果视频是使用早期版本的 PowerPoint（如 2007 版）插入的，则需要升级媒体文件格式以确保能够播放这些文件。升级就是自动将这些媒体项目更新格式并嵌入它们。升级后，应运行【优化兼容性】命令。若要将媒体文件从早期版本升级到 PowerPoint 2016（并且如果这些文件是链接文件，则会嵌入它们），可在【文件】选项卡下拉菜单中单击【信息】命令，然后选择【转换】选项。

二、视频预览与设置

添加视频文件后，可以预览视频文件，并可以设置视频文件。

在幻灯片中插入视频文件后，可以播放该视频文件以查看效果。播放视频的方法有以下 3 种。

方法 1：选中插入的视频文件后，单击【视频工具】→【播放】选项卡【预览】组中的【播放】按钮预览插入的视频文件，如图 4-32 所示。

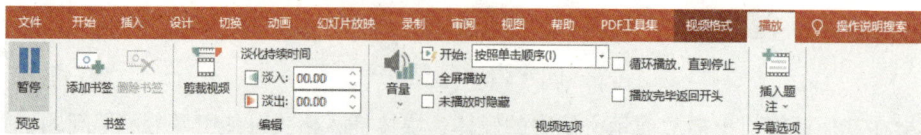

图 4-32　视频工具

方法 2：选中插入的视频文件后，单击【视频工具】→【格式】选项卡【预览】组中的【播放】

按钮预览插入的视频文件，如图 4-33 所示。

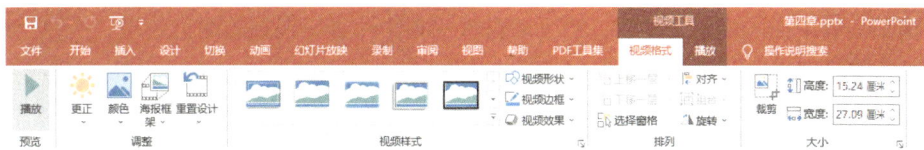

图 4-33 格式

方法 3：选中插入的视频文件后，单击视频文件图标左下方的【播放】按钮即可预览视频。预览状态下的部分截图效果如图 4-34 所示。

图 4-34 预览效果

在视频播放期间，单击视频可暂停播放。若要继续播放该视频，可再次单击它。

三、添加视频播放效果

（一）添加淡入淡出效果

在演示文稿中添加视频文件后，在【视频工具】→【播放】选项卡的【编辑】组中为视频文件添加淡入和淡出的效果，如图 4-35 所示。

图 4-35 编辑视频

在【淡化持续时间】区域的【淡入】文本框中输入数值，可以设置在视频剪辑开始的几秒内使用淡入效果。

在【淡出】文本框中输入数值，则可以设置在视频剪辑结束的几秒内使用淡出效果。

（二）设置视频的颜色效果

在演示文稿中插入视频文件后，还可以对该视频文件进行视频的颜色效果、视频样式及视频播放选项等设置。

要设置视频的颜色效果，可以在演示文稿中先选中插入的视频文件，然后在【视频工具】→【视频格式】选项卡【调整】组中进行设置，如图4-36所示。

图4-36　调整格式

步骤1　选中插入的视频文件。单击【视频工具】→【格式】选项卡【调整】组中的【更正】按钮，在弹出的下拉列表中选择【亮度：0%（正常）对比度：+20%】选项作为视频文件新的亮度和对比度，如图4-37所示。

步骤2　调整亮度和对比度后的效果如图4-38所示。

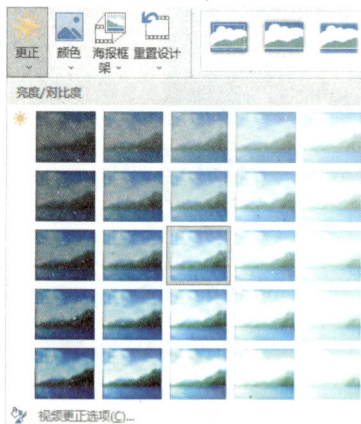

图4-37　视频更正

图4-38　更正效果

另外，单击【视频工具】→【格式】选项卡【调整】组中的【颜色】按钮，在弹出的下拉列表中可以为视频文件重新着色，如图4-39所示。

图4-39　调整颜色

（三）设置视频的样式

在【视频工具】→【格式】选项卡【视频样式】组中可以对插入到演示文稿中视频文件的形状、边框及效果等进行设置，以便达到想要的效果，如图 4-40 所示。

图 4-40　视频样式

步骤 1　继续实例操作，选中插入的视频文件，单击【视频工具】→【格式】选项卡【视频样式】组中的【其他】按钮，如图 4-41 所示。

步骤 2　在弹出的下拉列表中的【中等】区域中选择【旋转，白色】选项作为视频的样式，如图 4-42 所示。

图 4-41　视频其他样式

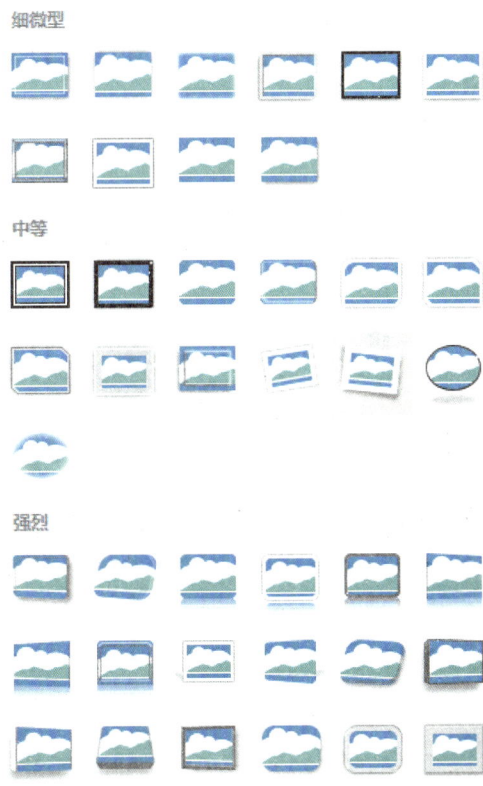

图 4-42　下拉菜单

步骤 3　调整视频样式后的效果如图 4-43 所示。

步骤 4　单击【视频工具】→【格式】选项卡【视频样式】组中的【视频边框】按钮，在弹出的下拉列表中选择视频边框的主题颜色为【浅绿，背景 1，深色 25%】，如图 4-44 所示。

图 4-43　调整效果

图 4-44　视频边框

步骤5 调整视频边框后的效果如图 4-45 所示。

图 4-45　调整效果

步骤6 单击【视频工具】→【格式】选项卡【视频样式】组中的【视频效果】按钮，在弹出的下拉列表中选择【映像】子菜单中的【半映像，4pt 偏移量】映像变体，如图 4-46 所示。

步骤7 调整视频样式后的最终效果如图 4-47 所示。

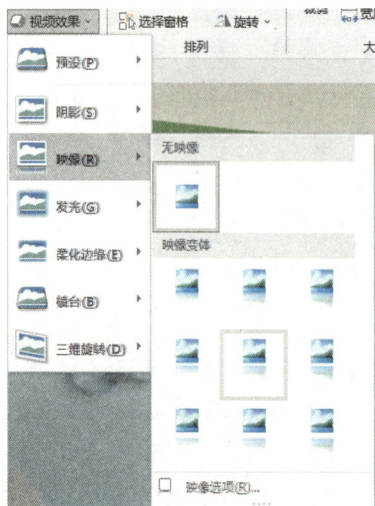

图 4-46　映像效果

图 4-47　调整效果

（四）设置播放选项

在进行演讲时，可以将插入或链接到幻灯片的视频文件设置为在显示幻灯片时自动开始播放，或在单击鼠标时开始播放。

设置播放选项，可以在【视频工具】→【播放】选项卡的【视频选项】组中进行设置。

步骤 1 选中添加到幻灯片中的视频文件，可以查看【视频工具】→【播放】选项卡的【视频选项】组中的各选项，如图 4-48 所示。

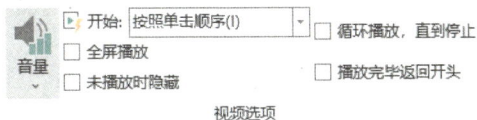

图 4-48 音量调节

步骤 2 单击【音量】按钮，在弹出的下拉列表中可以设置音量的大小。

步骤 3 单击【开始】后的下拉按钮，在弹出的下拉列表中包括【自动】和【单击时】两个选项。可以将视频文件设置为在将包含视频文件的幻灯片切换至幻灯片放映视图时播放视频，或通过单击鼠标来控制启动视频的时间，如图 4-49 所示。

步骤 4 选中【全屏播放】复选框，可以全屏播放幻灯片中的视频文件，如图 4-50 所示。

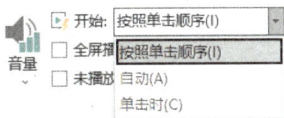

图 4-49 播放调节　　　　　　　　　　图 4-50 全屏播放

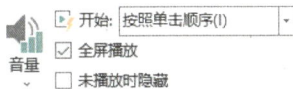

步骤 5 选中【未播放时隐藏】复选框，可以将视频文件未播放时设置为隐藏状态。同时选中【循环播放，直至停止】复选框和【播完返回开头】复选框可以设置该视频文件循环播放。

设置视频文件为未播放时隐藏状态后，要创建一个自动的动画来启动播放，否则在幻灯片放映的过程中将永远看不到此视频。

四、视频剪辑

插入视频文件后，可以在每个视频剪辑的开头和末尾处对视频进行修剪，这样可以缩短视频文件播放时间以使其与幻灯片的计时相适应。

剪裁视频的具体操作步骤如下。

步骤 1 选择幻灯片中要进行剪裁的视频文件，并单击视频文件下的【播放】按钮播放视频，如图 4-51 所示。

图 4-51 样例视频

步骤 2 单击【视频工具】→【播放】选项卡【编辑】组中的【剪裁视频】按钮，如图 4-52 所示。

步骤 3 弹出【剪裁视频】对话框，在该对话框中可以看到视频文件的持续时间、开始时间及结束时间等，如图 4-53 所示。

图 4-53 【剪裁视频】对话框

图 4-52 【裁剪视频】按钮

步骤 4 单击对话框中显示的视频的起点（最左侧的绿色标记），当鼠标指针显示为双向箭头时，将箭头拖动到视频所需剪辑的起始位置处释放，即可修剪视频文件的开头部分，如图 4-54 所示。

步骤 5 单击对话框中显示的视频的终点（最右侧的红色标记），当鼠标指针显示为双向箭头时，将箭头拖动到视频所需剪辑的结束位置处释放，即可修剪视频文件的末尾，如图 4-55 所示。

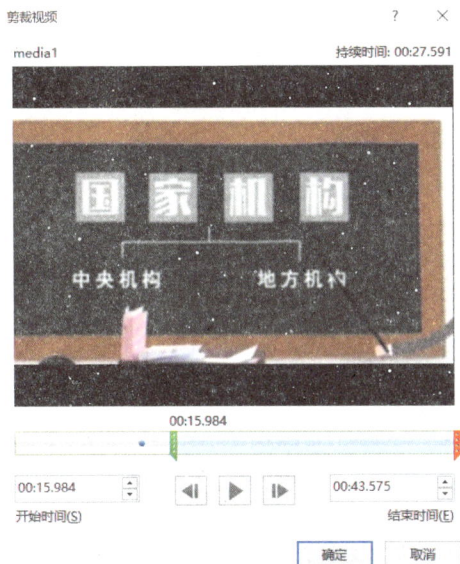

图 4-54 选择开始标记   图 4-55 选择结束标记

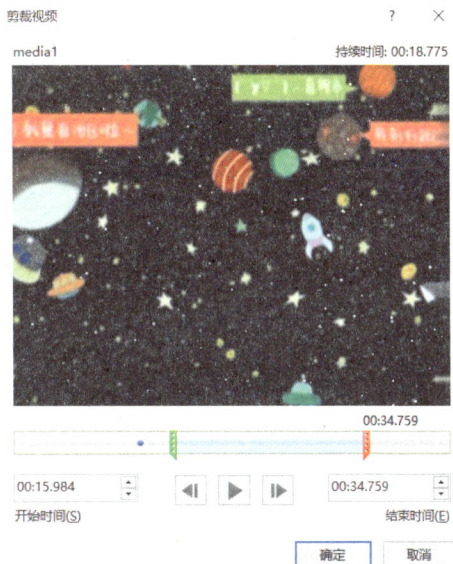

也可以在【开始时间】微调框和【结束时间】微调框中输入精确的数值来剪裁视频文件。

步骤6 单击对话框中的【播放】按钮试看调整效果，单击【确定】按钮即可完成视频的剪裁。

第三课 项目实例

制作一个关于大学生"追求远大理想，坚定崇高信念"的课件，并在其中添加符合内容需求的音频文件和视频文件。

步骤1 选中要添加音频文件的幻灯片，如图 4-56 所示。

图 4-56 样例页面

步骤2 单击【插入】选项卡【媒体】组中的【音频】按钮，在弹出的下拉列表中选择【PC 上的音频】选项，如图 4-57 所示。

步骤3 弹出【插入音频】对话框，在【查找范围】下拉列表中找到并选择所需要用的音频文件，如图 4-58 所示。

图 4-57　插入音频　　　　　　　　　　　图 4-58　选择音频

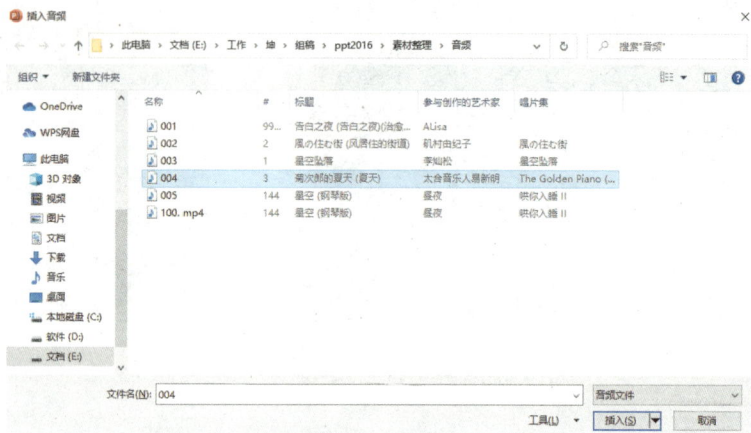

步骤4 单击【插入】按钮，所需要的音频文件将会直接应用于当前幻灯片中。拖动图标调整到幻灯片中的适当位置，如图 4-59 所示。

图 4-59　插入效果

步骤5 在第 1 张幻灯片下方插入一张【空白】的幻灯片。

步骤6 单击【插入】选项卡【媒体】组中的【视频】下拉按钮，在弹出的下拉列表中选择【PC 上的视频】选项。

步骤7 弹出【插入视频文件】对话框，在【查找范围】下拉列表中找到并选择所需要用的视频文件，单击【插入】右侧的下拉按钮。

步骤8 在弹出的下拉菜单中选择【链接到文件】命令。

步骤9 所需要的视频文件将会直接应用于当前幻灯片中。

第四课 项目拓展

拓展一 音频录制与剪辑

1. 录制音频并添加

用户可以根据需要，自行录制音频文件为幻灯片添加声音效果。录制音频的具体操作步骤如下。

步骤 1 单击【插入】选项卡【媒体】组中的【音频】按钮，在弹出的下拉列表中选择【录制音频】选项。

步骤 2 弹出【录音】对话框，在【名称】文本框中输入所录的声音名称。单击【录制】按钮开始录制，录制完毕后，单击【停止】按钮。如果想预先听一下录制的声音，可以单击【播放】按钮播放试听。单击【确定】按钮即可将录制的音频添加到当前的幻灯片中，如图4-60所示。

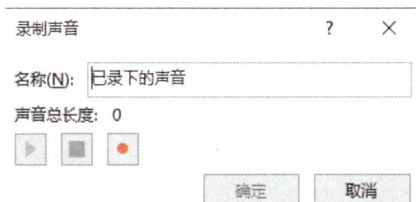

图 4-60 录制声音

2. 剪裁音频

插入音频文件后，可以在每个音频剪辑的开头和末尾处对音频进行修剪。这样可以缩短音频文件播放时间，以使其与幻灯片的计时相适应。

剪裁音频的具体操作步骤如下。

步骤 1 选择幻灯片中要进行剪裁的音频文件，并单击音频文件图标下的【播放】按钮播放音频，如图 4-61 所示。

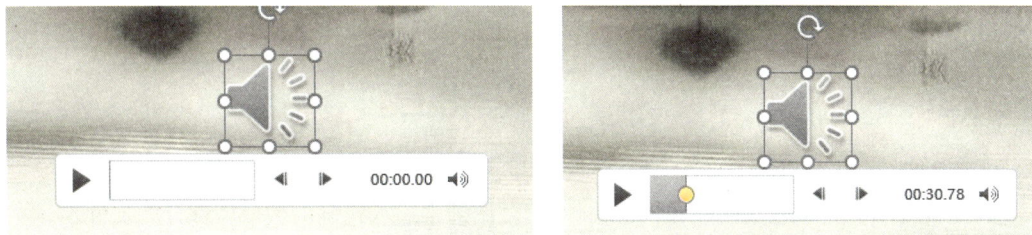

图 4-61 剪辑声音

步骤 2 单击【音频工具】→【播放】选项卡【编辑】组中的【剪裁音频】按钮。

步骤 3 弹出【剪裁音频】对话框，在该对话框中可以看到音频文件的持续时间、开始时间及结束时间等，如图4-62所示。

图 4-62　剪辑音频

步骤 4　单击对话框中显示的音频的起点（最左侧的绿色标记），当鼠标指针显示为双向箭头时，将箭头拖动到所需的音频剪辑起始位置处释放，即可修剪音频文件的开头部分，如图 4-63 所示。

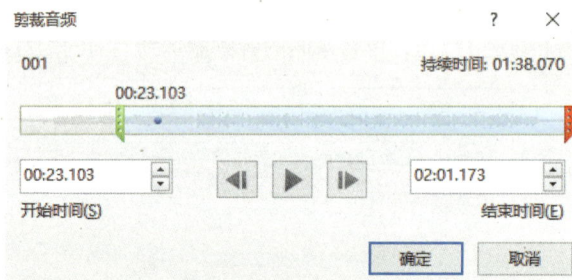

图 4-63　剪裁音频开头

步骤 5　单击对话框中显示的音频的终点（最右侧的红色标记），当鼠标指针显示为双向箭头时，将箭头拖动到所需的音频剪辑结束位置处释放，即可修剪音频文件的末尾，如图 4-64 所示。

图 4-64　剪裁音频结尾

也可以在【开始时间】微调框和【结束时间】微调框中输入精确的数值剪裁音频文件。

步骤 6　单击对话框中的【播放】按钮试听调整效果，单击【确定】按钮即可完成音频的剪裁。

拓展二　怎样压缩多媒体文件以减少演示文稿的大小？

通过压缩多媒体文件，可以解决演示文稿太大的问题，以节省磁盘空间，提高播放性能。下面介绍在演示文稿中压缩多媒体文件的操作步骤。

步骤1 打开文件。

步骤2 单击【文件】选项卡，从弹出的下拉菜单中选择【信息】命令，显示【媒体大小和性能】区域的【压缩媒体】按钮，如图 4-65 所示。

信息

第四章
E: » 工作 » 坤 » 组稿 » ppt2016 » 素材整理

[上传] [共享] [复制路径] [打开文件位置]

优化媒体兼容性

是否计划在其他计算机上传递此演示文稿? 优化媒体兼容性可改进你的体验。嵌入的字幕和可选音轨将会被删除。
- 已链接 1 个媒体文件。为了针对兼容性优化该文件，您必须嵌入它。
  查看链接
关于媒体兼容性

媒体大小和性能

通过压缩媒体文件节省磁盘空间并提高播放性能。媒体质量可能会受压缩的影响。嵌入的字幕和可选音轨将会被删除。
- 此演示文稿中的媒体文件占用 1.9 MB。
提高媒体性能的其他方式

图 4-65 信息

步骤3 弹出下拉列表，从中选择需要的选项即可，如图 4-66 所示。

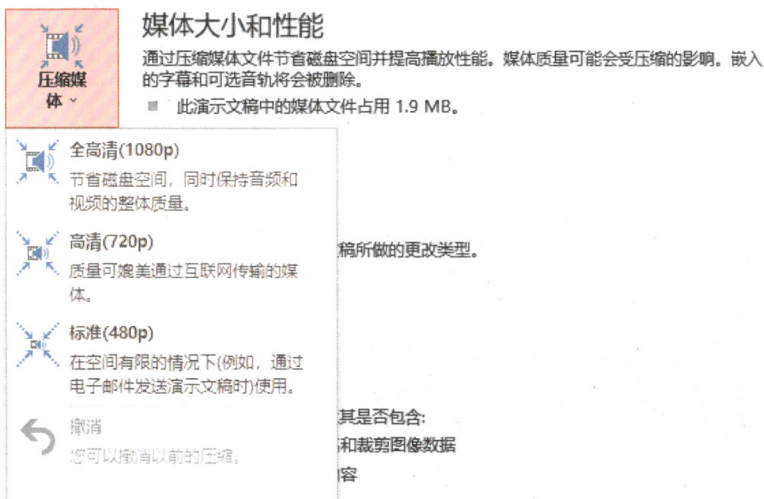

媒体大小和性能

通过压缩媒体文件节省磁盘空间并提高播放性能。媒体质量可能会受压缩的影响。嵌入的字幕和可选音轨将会被删除。
- 此演示文稿中的媒体文件占用 1.9 MB。

全高清(1080p)
节省磁盘空间，同时保持音频和视频的整体质量。

高清(720p)
质量可媲美通过互联网传输的媒体。

标准(480p)
在空间有限的情况下(例如，通过电子邮件发送演示文稿时)使用。

撤消
您可以撤消以前的压缩。

图 4-66 压缩媒体

若要指定视频的质量（视频质量决定视频的大小），可选择下列选项之一来解决问题。

- 【演示文稿质量】选项：可节省磁盘空间，同时保持音频和视频的整体质量。
- 【互联网质量】选项：质量可媲美通过 Internet 传输的媒体。
- 【低质量】选项：在空间有限的情况下（例如，通过电子邮件发送演示文稿时）使用。

微 实 践

一、填空题

1. 在 PowerPoint 2016 中，播放已插入的音频文件的方法除了单击音频文件图标下的【播放】按钮外，还可以单击【音频工具】中_____选项卡_____组中的_____按钮。

2. 要设置已插入视频的颜色效果，可以在演示文稿中先选中插入的视频文件，然后在_____选项卡_____组中进行设置。

3. 在 PowerPoint 2016 中，要剪辑已插入视频文件可以单击_____选项卡【编辑】组中的_____按钮。

二、综合实训题

1. 语文

依据马克·吐温的《威尼斯的小艇》课文，制作课堂课件。要求：录制全文朗诵，并插入到课件当中。

按上面要求制作以下课件，如图 4-67 所示。

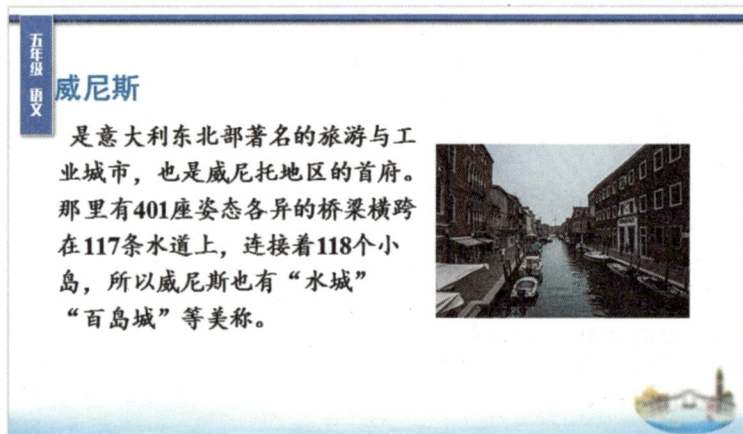

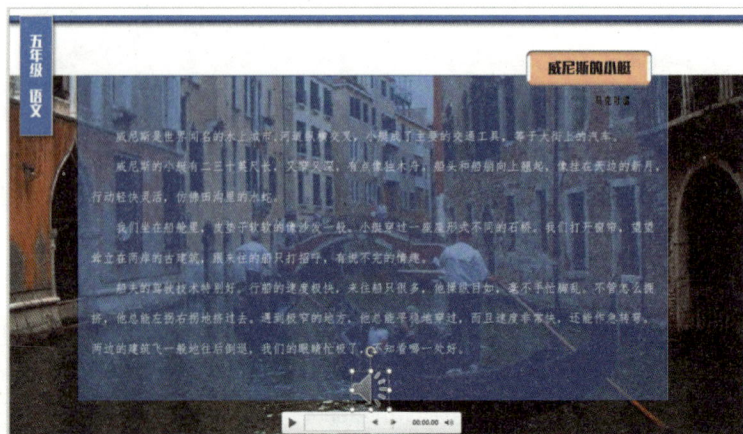

图 4-67　样例

2. 英语

自己选择视频，制作六年级英文课件"in a desert"，如图 4-68 所示。

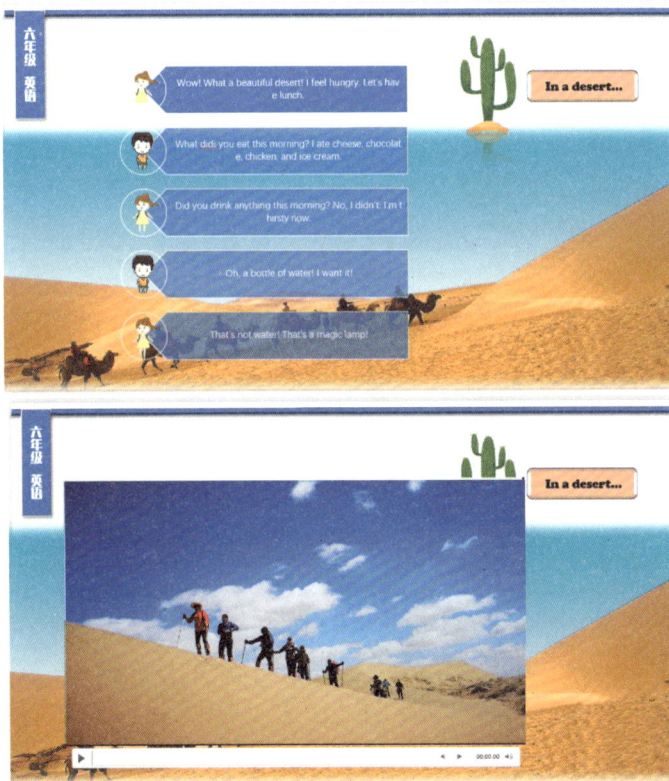

图 4-68　样例

扫一扫 学一学

别有"动"天

课程介绍

　　在利用PowerPoint制作课件时，不但能为其中的文本、图片、图形等对象添加动画，而且能添加幻灯片的切换效果，使幻灯片的前后过渡自然、连贯。在演示文稿中添加适当的动画，可以使演示文稿的播放效果更加优化，也可以使一些复杂内容分步显示以便观众理解。本章将介绍添加动画效果的操作方法。

学习目标

- 了解几种动画效果的特点
- 掌握添加不同动画效果的方法
- 掌握为不同对象添加不同动画效果的诀窍
- 掌握为幻灯片设置切换效果的方法
- 能够在实际操作中为课件添加合适的动画效果

课程思政目标

　　通过动画效果的设计提升读者对于美感的认同和细节执行的活力，坚定立场和方向，以奋发向上的精神，有效整合整个课件所包含的思想精神。

- 贯彻精益求精的精神，事无巨细地完成每一个小的动画设计步骤。
- 追求卓越的创造，融入工匠精神。

第一课 添加对象动画

一、创建动画

可以将PowerPoint 2016演示文稿中的文本、图片、形状、表格、SmartArt图形和其他对象制作成动画，赋予它们进入、退出、大小或颜色变化甚至移动等视觉效果。

使用动画可以让观众将注意力集中在要点和控制信息流上，还可以提高观众对演示文稿的兴趣。可以将动画效果应用于个别幻灯片上的文本或对象、幻灯片母版上的文本或对象，或者自定义幻灯片版式上的占位符。

在PowerPoint 2016中可以创建包括进入、强调、退出及路径等不同类型的动画效果。

（一）创建进入动画

可以为对象创建进入动画。例如，可以使对象逐渐淡入焦点、从边缘飞入幻灯片或跳入视图中。创建进入动画的具体操作步骤如下。

步骤1 打开文件，选择幻灯片中要创建进入动画效果的文字，如图5-1所示。

图5-1 选择页面

步骤2 单击【动画】选项卡【动画】组中的【其他】按钮，弹出下拉列表，如图5-2所示。

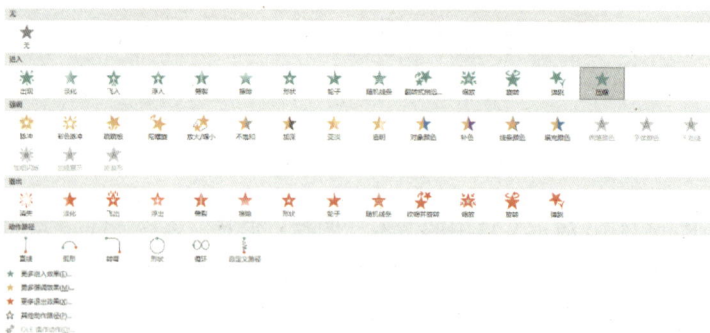

图 5-2　动画选项

步骤3 在下拉列表的【进入】区域中选择【劈裂】选项，创建此进入动画效果，如图 5-3 所示。

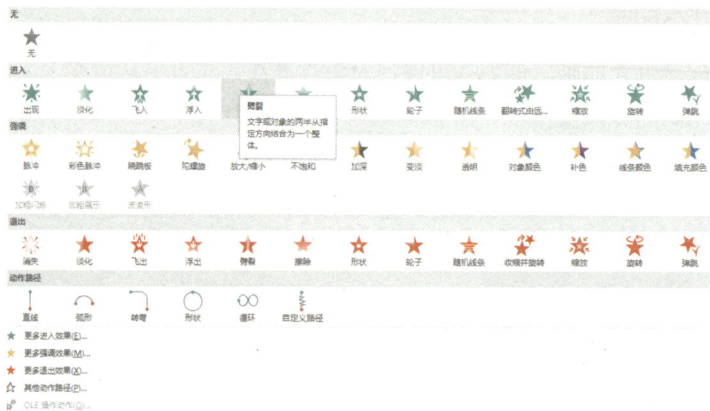

图 5-3　选择劈裂效果

步骤4 添加动画效果后，文字对象前面将显示一个动画编号标记，如图 5-4 所示。

图 5-4　显示标记

创建动画后，幻灯片中的动画编号标记不会被打印出来。

（二）创建强调动画

可以为对象创建强调动画，效果示例包括使对象缩小或放大、更改颜色或沿着其中心旋转等。创建强调动画的具体操作步骤如下。

步骤 1 选择幻灯片中要创建强调动画效果的文字，如图 5-5 所示。

图 5-5 选择页面

步骤 2 单击【动画】选项卡【动画】组中的【其他】按钮 ⋮，在弹出的下拉列表的【强调】区域中选择【放大/缩小】选项，如图 5-6 所示。

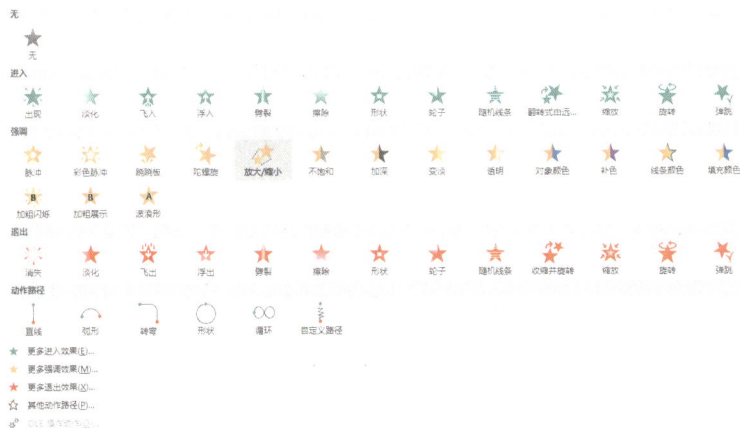

图 5-6 选择动画

步骤 3 即可为此对象创建强调动画效果，如图 5-7 所示。

图 5-7 效果显示

（三）创建退出动画

可以为对象创建退出动画，这些效果包括使对象飞出幻灯片、从视图中消失或从幻灯片旋出等。创建退出动画的具体操作步骤如下。

步骤 1 选择幻灯片中要创建退出动画效果的对象，如图 5-8 所示。

图 5-8 选择页面

步骤 2 单击【动画】选项卡【动画】组中的【其他】按钮，在弹出的下拉列表的【退出】区域中选择【轮子】选项，如图 5-9 所示。

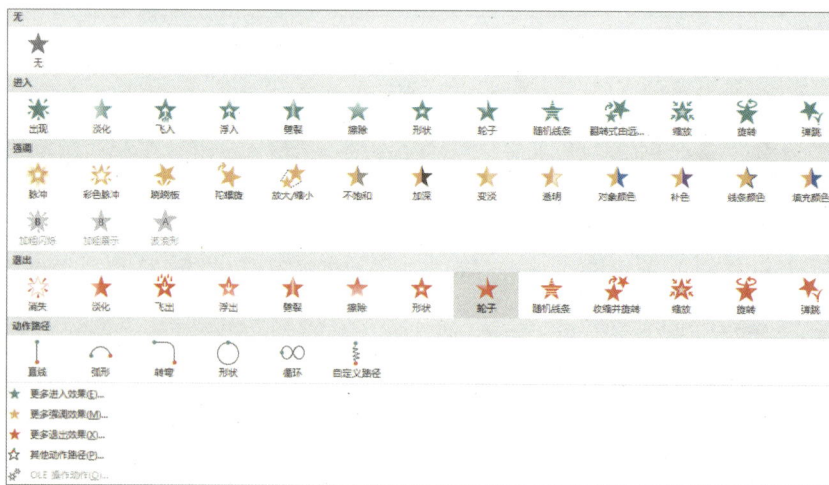

图 5-9 选择动画

步骤 3 即可为此对象创建"轮子"退出的动画效果。

动画效果

（四）创建路径动画

可以为对象创建动作路径动画，使用这些效果可以使对象上下或左右移动，也可沿着星形或圆形图案移动。创建路径动画的具体操作步骤如下。

步骤 1 选择幻灯片中要创建路径动画效果的对象，如图 5-10 所示。

图 5-10 样例页面

步骤 2 单击【动画】选项卡【动画】组中的【其他】按钮，在弹出的下拉列表的【动作路径】区域中选择【弧形】选项，如图 5-11 所示。

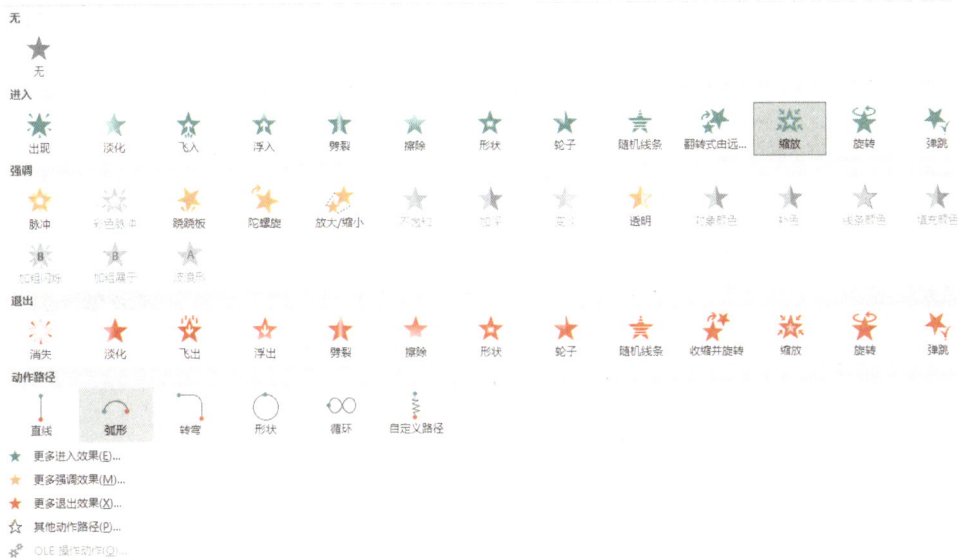

图 5-11 选择动作

步骤 3 即可为此对象创建"弧形"效果的路径动画效果。

动画效果

（五）创建组合动画

PowerPoint 的动画效果比较多，对于图片来说，不仅能一幅一幅地创建动作效果，还可以将多幅图片先组合，再为其制作动作效果。其设置的具体操作步骤如下。

步骤 1 打开 PPT 文件。

步骤 2 按住【Shift】键，同时选中两张图片右击，在弹出的快捷菜单中选择【组合】子菜单中的【组合】命令，如图 5-12 所示。

图 5-12 【组合】命令

步骤 3 单击【动画】选项卡【动画】组中的【其他】按钮，为图片添加动画效果。如添加【强调】区域中的【陀螺旋】选项。即可为两张图片同时创建动画效果。

二、设置动画内容

（一）设置动画

【动画窗格】显示了有关动画效果的重要信息，如效果的类型、多个动画效果之间的相对顺序、受影响对象的名称及效果的持续时间。

1. 查看动画列表

单击【动画】选项卡【高级动画】组中的【动画窗格】按钮，可以在【动画窗格】窗口中查看幻灯片上所有动画的列表，如图 5-13 所示。

图 5-13 动画窗格

下面介绍动画列表中各选项的含义。

① 编号：表示动画效果的播放顺序，此编号与幻灯片上显示的不可打印的编号标记是相对应的。

② 时间线：代表效果的持续时间。

③ 图标：代表动画效果的类型。上图中代表的是【陀螺旋】效果。

④ 菜单图标：选择列表中的项目后会看到相应菜单图标（向下箭头），单击该图标即可弹出下拉菜单，如图5-14所示。

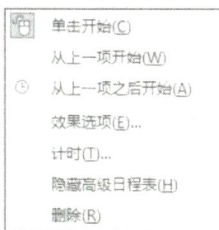

图5-14 动画列表

下拉列表中的各个参数的含义如下。

①【单击开始】（鼠标图标）命令是指需要单击鼠标左键后才开始播放动画。

②【从上一项开始】命令是指设置的动画效果会与前一个动画效果一起播放。

③【从上一项之后开始】（时钟图标）命令是指设置的动画效果会跟着前一个动画播放。

2. 调整动画顺序

在放映过程中，也可以对幻灯片播放的顺序进行调整。

（1）通过【动画窗格】调整动画顺序。

步骤1 打开文件，选择一张幻灯片，如图5-15所示。

图5-15 样例页面

步骤2 单击【动画】选项卡【高级动画】组中的【动画窗格】按钮，弹出【动画窗格】窗口。

步骤3 选择【动画窗格】窗口中需要调整顺序的动画，如选择动画2，然后单击【动画窗格】窗口下方的向上按钮或向下按钮进行调整，如图5-16所示。

（2）通过【动画】选项卡调整动画顺序。

步骤1 打开文件，选择一张幻灯片，并选中"文字"动画，如图5-17所示。

图 5-16　动画窗格

图 5-17　样例页面

步骤 2　单击【动画】选项卡【计时】组中【对动画重新排序】区域的【向后移动】按钮，如图 5-18 所示。

步骤 3　即可将此动画顺序向后移动一个次序，并在【幻灯片】窗格中可以看到此动画前面的编号发生改变，如图 5-19 所示。

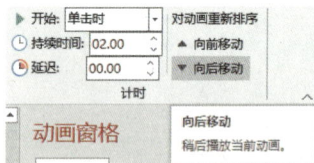

图 5-18　【动画】选项卡

图 5-19　自动编号

（3）通过鼠标拖动调整动画顺序。单击选中要调整顺序的动画，然后按住鼠标左键不放将动画拖动到适当位置，再释放鼠标，即可把动画重新排序。

3. 设置动画时间

创建动画之后，可以在【动画】选项卡上为动画指定开始、持续时间或延迟计时。

若要为动画设置开始计时，可以在【计时】组中单击【开始】右侧的下拉箭头，然后从弹出的下拉列表中选择所需的计时。该下拉列表包括【单击时】【与上一动画同时】和【上一动画之后】3 个选项，如图 5-20 所示。

若要设置动画将要运行的持续时间，可以在【计时】组中的【持续时间】文本框中输入所需的秒数，或者单击【持续时间】文本框后面的微调按钮来调整动画要运行的持续时间，如图 5-21 所示。

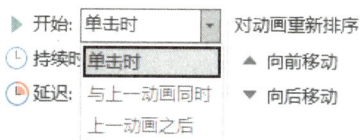

图 5-20　动画执行列表　　　　　　　图 5-21　动画执行设置

若要设置动画开始前的延时，可以在【计时】组中的【延迟】文本框中输入所需的秒数，或者使用微调按钮来调整，如图 5-22 所示。

图 5-22　动画执行设置

（二）触发动画

触发动画就是设置动画的特殊开始条件，其具体操作步骤如下。

步骤 1　打开文件，选择标题，如图 5-23 所示。

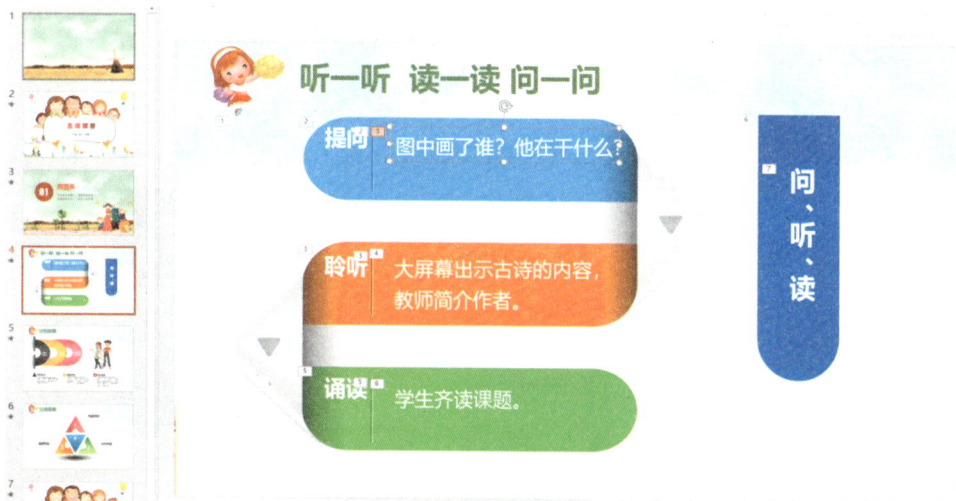

图 5-23　样例页面

步骤 2　单击【动画】选项卡【动画】组中的【其他】按钮，在弹出的下拉列表的【强调】区域中选择【填充颜色】选项，创建动画。

步骤 3　选择创建的动画，单击【动画】选项卡【高级动画】组中的【触发】按钮，在弹出的下拉菜单的【通过单击】子菜单中选择【图片连接符 2】选项，如图 5-24 所示。

步骤 4　创建触发动画后，在放映幻灯片时用鼠标指针单击设置过动画的对象后即可显示动画效果，如图 5-25 所示。

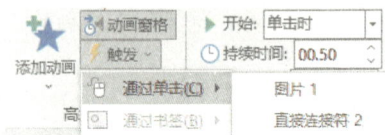

图 5-24　添加动画

图 5-25　动画效果

三、动画的复制与移除

在 PowerPoint 2016 中，可以使用动画刷复制一个对象的动画，并将其应用到另一个对象。使用动画刷的具体操作步骤如下。

步骤 1　继续实例操作，单击选中幻灯片中创建过动画的对象。

步骤 2　单击【动画】选项卡【高级动画】组中的【动画刷】按钮，如图 5-26 所示，此时幻灯片中的鼠标指针变为动画刷的形状。

步骤 3　单击【幻灯片】窗格【幻灯片】选项卡下一张幻灯片的缩略图，用动画刷单击该幻灯片中的"标题文字"即可复制动画效果到此对象上，如图 5-27 所示。

图 5-26　添加动画

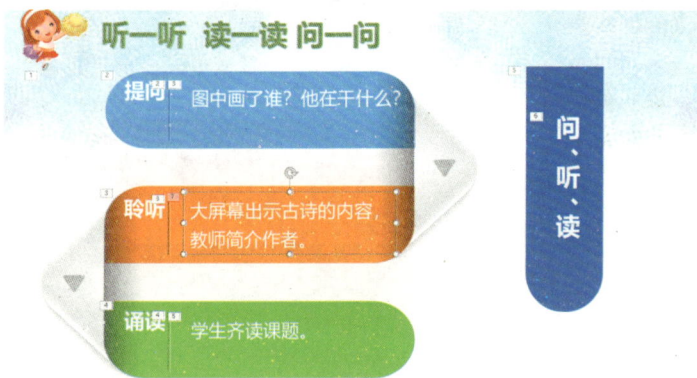

图 5-27　动画效果

步骤 4　按【Esc】键退出复制动画效果的操作。

（一）测试动画

为文字或图形对象添加动画效果后，可以单击【动画】选项卡【预览】组中的【预览】按钮，验证它们是否起作用。

单击【预览】按钮下方的下拉按钮，弹出下拉列表，如图 5-28 所示。

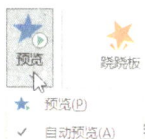

图 5-28　预览

该下拉列表中包括【预览】和【自动预览】两个选项。单击选中【自动预览】复选框后，每次为对象创建动画后，可自动在【幻灯片】窗格中预览动画效果。

（二）移除动画

为对象创建动画效果后，也可以根据需要移除动画。移除动画的方法有以下两种。

（1）单击【动画】选项卡【动画】组中的【其他】按钮，在弹出的下拉列表的【无】区域中选择【无】选项，如图 5-29 所示。

（2）单击【动画】选项卡【高级动画】组中的【动画窗格】按钮，在弹出的【动画窗格】中选择要移除动画的选项，然后单击菜单图标（向下箭头），在弹出的下拉列表中选择【删除】选项即可，如图 5-30 所示。

图 5-29　动画选择

图 5-30　动画设置

第二课　添加幻灯片切换动画

一、设置幻灯片的切换效果

为幻灯片添加切换效果后，可以设置切换效果的持续时间，可以添加声音，甚至还可以对切换效果的属性进行自定义。

（一）更改切换效果

更改幻灯片切换效果的具体操作步骤如下。

步骤 1　打开 PPT 文件，切换到普通视图状态。单击【幻灯片/大纲】窗格中的【幻灯片】

选项卡，选择演示文稿中要更改其切换效果的幻灯片，如图 5-31 所示。

图 5-31　样例页面

步骤 2　单击【切换】选项卡【切换到此幻灯片】组中的【其他】按钮，从弹出的下拉列表中可以看到此幻灯片添加的切换效果为【华丽】区域的【切换】效果，如图 5-32 所示。

图 5-32　添加切换效果

步骤 3　从下拉列表中为此幻灯片设置新的切换效果，如选择【华丽】区域的【立方体】切换效果即可，如图 5-33 所示。

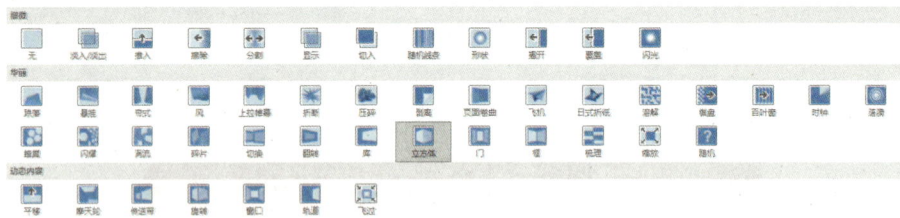

图 5-33　选择切换效果

要更改演示文稿中所有幻灯片的切换效果，在重复上述更改切换效果后，单击【转换】选项卡【计时】组中的【全部应用】按钮即可。

（二）设置切换效果的属性

PowerPoint 2016 中的部分切换效果具有可自定义的属性，可以对这些属性进行自定义设置。

步骤 1　继续实例操作。单击【幻灯片】窗格中的【幻灯片】选项卡，选择演示文稿中的任一张幻灯片缩略图，如图 5-34 所示。

图 5-34 样例页面

步骤 2 单击【切换】选项卡【切换到此幻灯片】组中的【效果选项】按钮，如图 5-35 所示。

步骤 3 从弹出的下拉列表中选择其他选项可以更改切换效果的切换起始方向，选择【自左侧】选项即可，如图 5-36 所示。

图 5-35 效果选项

图 5-36 选择效果

（三）为切换效果添加声音

如果想使切换的效果更逼真，可以为其添加声音效果。为幻灯片切换效果添加声音的具体操作步骤如下。

步骤 1 接着上面的实例继续操作。单击【幻灯片】窗格中的【幻灯片】选项卡，选择演示文稿中的任意一张幻灯片缩略图。

步骤 2 单击【切换】选项卡【计时】组中的【声音】按钮，如图 5-37 所示。

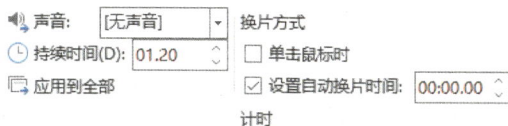

图 5-37 添加声音效果

步骤 3 从弹出的下拉列表中选择需要的声音效果，如选择【风铃】选项即可为切换效果添加风铃声音效果，如图 5-38 所示。

步骤 4 也可以从弹出的下拉列表中选择【其他声音】选项来添加自己想要的效果，如

图 5-39 所示。

[无声音]	[无声音]
[停止前一声音]	[停止前一声音]
爆炸	爆炸
抽气	抽气
锤打	锤打
打字机	打字机
单击	单击
电压	电压
风铃	风铃
风声	风声
鼓声	鼓声
鼓掌	鼓掌
激光	激光
疾驰	疾驰
箭头	箭头
收款机	收款机
推动	推动
微风	微风
硬币	硬币
炸弹	炸弹
照相机	照相机
其他声音...	其他声音...

播放下一段声音之前一直循环(N)   播放下一段声音之前一直循环(N)

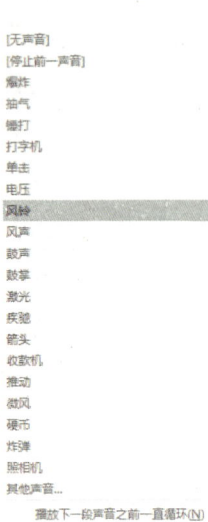

图 5-38　选择效果　　　　　　　图 5-39　其他声音

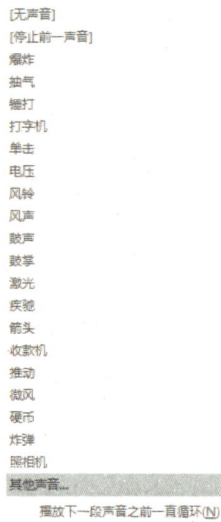

步骤 5 在弹出的【添加音频】对话框中选择音频文件，即可为幻灯片插入该音频文件声音，如图 5-40 所示。

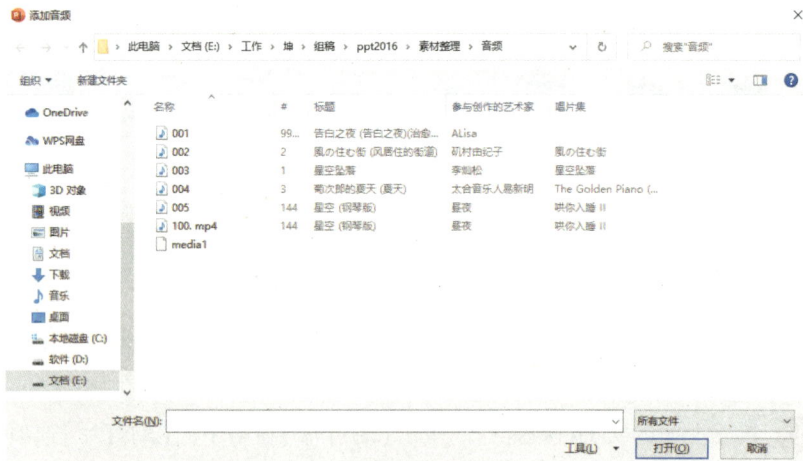

图 5-40　插入声音

（四）设置效果的持续时间

用户可以为幻灯片切换设置持续的时间，从而控制切换速度，以便查看幻灯片的内容。为幻灯片设置切换效果持续时间的具体操作步骤如下。

步骤 1 接着上面的实例继续操作。单击【幻灯片】窗格中的【幻灯片】选项卡，选择演示文稿中的一张幻灯片缩略图，如图 5-41 所示。

128

图 5-41　样例页面

步骤2　在【切换】选项卡【计时】组中,单击选中【持续时间】文本框,如图 5-42 所示。

步骤3　在【持续时间】文本框中输入所需的速度,如输入"1.2"即可将持续时间的速度更改为"01.20",如图 5-43 所示。

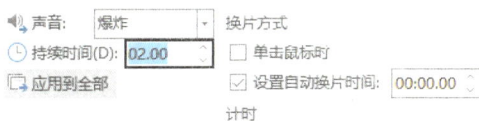

图 5-42　设置声音

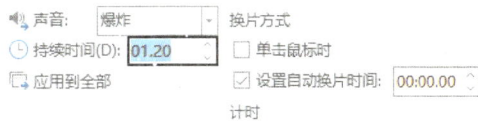

图 5-43　设置声音

二、设置幻灯片换片方式

我们还可以设置幻灯片的切换方式,以便在放映演示文稿时使幻灯片按照设置的切换方式进行切换。切换演示文稿中的幻灯片包括单击鼠标时切换和设置自动换片时间两种方式。

在【切换】选项卡【计时】组的【换片方式】区域可以设置幻灯片的切换方式。选中【单击鼠标时】复选框,可以设置单击鼠标来切换放映演示文稿中幻灯片的切换方式,如图 5-44 所示。

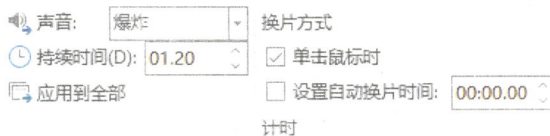

图 5-44　设置声音

也可以选中【设置自动换片时间】复选框,在【设置自动换片时间】文本框中输入自动换片的时间以实现幻灯片在设置时间内自动的切换。

下面通过具体的实例介绍设置切换方式的操作步骤。

步骤1　继续实例操作。选择演示文稿中的任一张幻灯片,如图 5-45 所示。

图 5-45　样例页面

步骤 2 在【切换】选项卡【计时】组的【换片方式】区域中，选中【单击鼠标时】复选框，即可设置在该张幻灯片中单击鼠标时切换至下一张幻灯片，如图 5-46 所示。

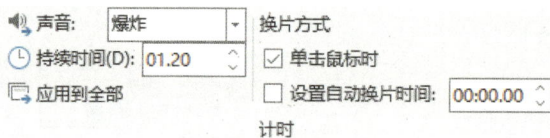

图 5-46　添加声音

步骤 3 再选择一张幻灯片，如图 5-47 所示。

图 5-47　添加效果

步骤 4　在【切换】选项卡【计时】组的【换片方式】区域，选择【设置自动换片时间】复选框，并设置换片时间为 5 秒，如图 5-48 所示。

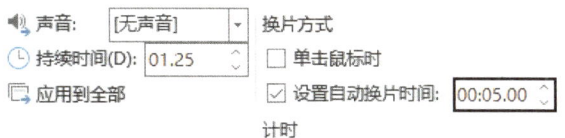

🔊 声音：	[无声音] ▾	换片方式	
🕐 持续时间(D)：	01.25 ⬍	☐ 单击鼠标时	
⬚ 应用到全部		☑ 设置自动换片时间：	00:05.00 ⬍
		计时	

图 5-48　设置时间

步骤 5　设置切换时间后，放映幻灯片时前一张幻灯片即可在 5 秒后自动切换至后一张幻灯片。

【单击鼠标时】复选框和【设置自动换片时间】复选框可以同时选中，这样在切换时，既可以单击鼠标切换，也可以在设置的自动切换时间后切换。

第三课　项目实例

实训一　制作幻灯片切换效果

使用切换效果为毕业答辩演示文稿制作幻灯片切换效果。本小节制作的毕业答辩演示文稿最终效果如图 5-49 所示。

图 5-49　效果展示

制作毕业答辩演示文稿的具体操作步骤如下。

一、添加幻灯片切换效果

步骤 1　打开 PPT 文件，切换到普通视图状态。单击【幻灯片/大纲】窗格中的【幻灯片】选项卡，选择演示文稿中的第 1 张幻灯片缩略图作为要向其添加切换效果的幻灯片，如图 5-50 所示。

图 5-50 样例页面

步骤 2 单击【切换】选项卡【切换到此幻灯片】组中的【其他】按钮，在弹出的下拉列表的【细微】区域中选择一个切换效果，如选择【淡入/淡出】选项，即可为选中的幻灯片添加淡入/淡出的切换效果，如图 5-51 所示。

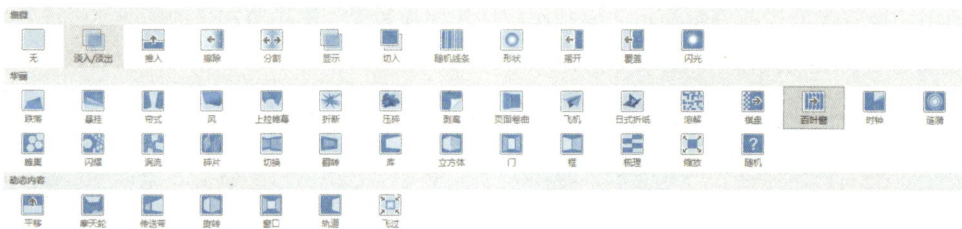

图 5-51 添加切换效果

步骤 3 在放映该幻灯片时即可显示上述添加的切换效果，下面是切换时的部分截图，如图 5-52 所示。

图 5-52 效果显示

步骤4　单击【幻灯片/大纲】窗格中的【幻灯片】选项卡，选择演示文稿中的第3张幻灯片缩略图作为要向其添加切换效果的幻灯片，如图5-53所示。

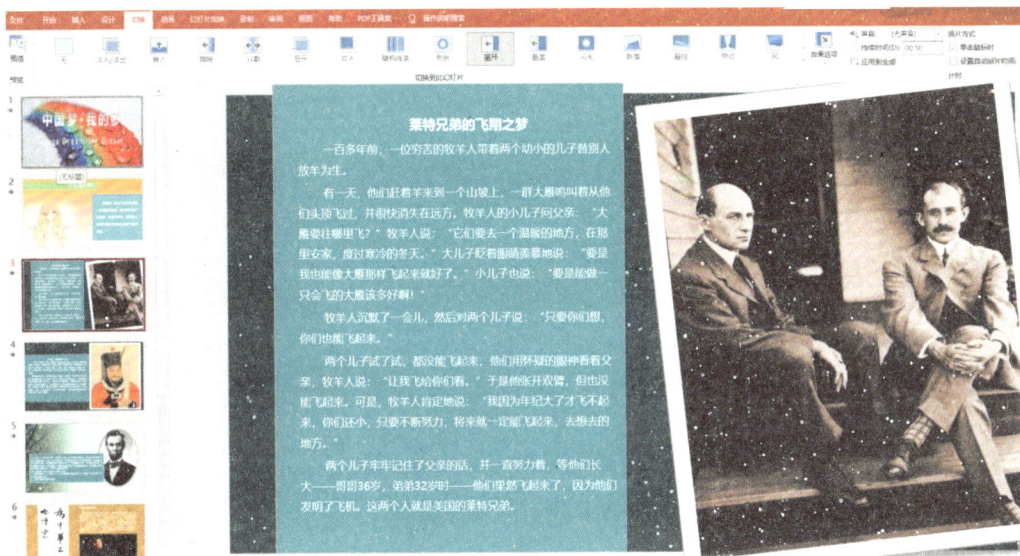

图 5-53　样例页面

步骤5　单击【切换】选项卡【切换到此幻灯片】组中的【其他】按钮，在弹出的下拉列表的【华丽】区域中选择一个切换效果，如选择【溶解】选项，即可为选中的幻灯片添加溶解的切换效果，如图5-54所示。

图 5-54　添加切换效果

步骤6　在放映该幻灯片时即可显示上述添加的切换效果。

动画效果

步骤7　单击【幻灯片/大纲】窗格中的【幻灯片】选项卡，选择演示文稿中的第4张幻灯片缩略图作为要向其添加切换效果的幻灯片，如图5-55所示。

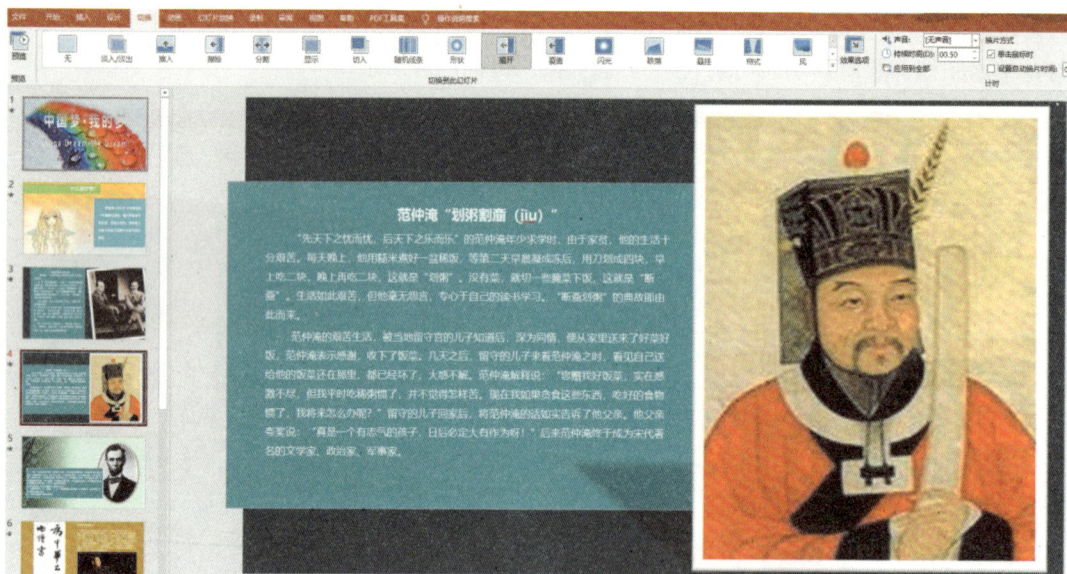

图 5-55　样例页面

步骤 8　单击【切换】选项卡【切换到此幻灯片】组中的【其他】按钮，在弹出的下拉列表的【动态内容】区域中选择一个切换效果，如选择【平移】选项，即可为选中的幻灯片添加平移的切换效果，如图 5-56 所示。

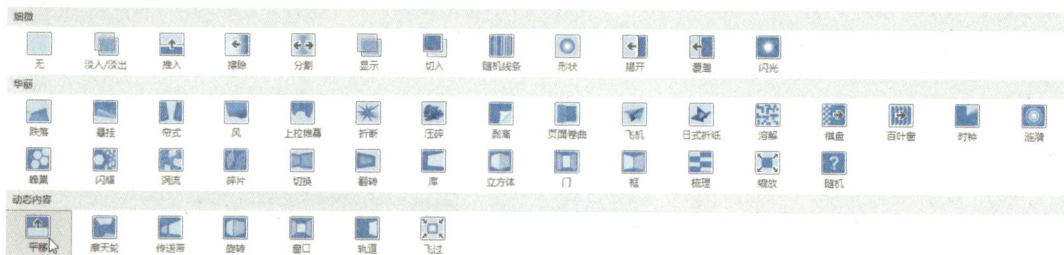

图 5-56　添加切换效果

步骤 9　在放映该幻灯片时即可显示上述添加的切换效果。

动画效果

步骤 10　使用相同的方法可为其他幻灯片添加不同的切换效果。

二、添加切换声音效果

步骤 1　单击【切换】选项卡【计时】组中的【声音】按钮，如图 5-57 所示。

步骤 2　从弹出的下拉列表中选择需要的声音效果，如选择【风铃】选项即可为切换效果添加风铃声音效果，如图 5-58 所示。

图 5-57　添加声音

图 5-58　添加声音效果

步骤3 同理，可为其他切换效果选择需要的声音效果。

实训二　设置动画时间与顺序

为"开学第一课"PPT设置动画效果。

首先，打开开学第一课PPT，选择目录页，分析页面放映顺序，如图 5-59 所示。

图 5-59　样例页面

步骤1 我们需要"目录"二字在最开始的时候出现，所以添加动画效果的时间设置为开始之后，并添加弹跳进入效果，速度为快速。

步骤2 将后面的内容全部设置为鼠标点击播放，每一次单击鼠标的播放为一组内容，依次显示每条目录的背景、文本框、文字。

动画效果

步骤 3 为点缀的小图标分别选择各项进入方式，同时进入，其中儿童形象图片可以添加飞入飞出的动画效果，如图 5-60 所示。

图 5-60　页面效果

步骤 4 将向日葵图片和太阳图片全部选择百叶窗的方式进入，这样整个页面的动画就设计完成，如图 5-61 所示。

图 5-61　动画效果列表

第四课 项目拓展

拓展一 制作电影字幕效果

在 PowerPoint 2016 中可以轻松实现电影字幕的动画效果。具体操作步骤如下。

步骤 1 新建一个版式为"空白"的幻灯片，如图 5-62 所示。

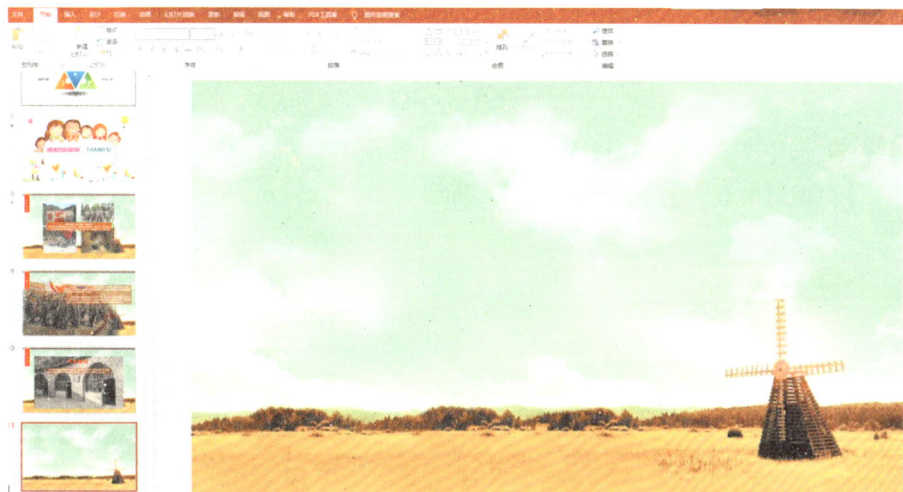

图 5-62 样例页面

步骤 2 单击【插入】选项卡【文本】组中的【文本框】按钮，从弹出的下拉列表中选择【横排文本框】选项，在幻灯片上绘制一个文本框，如图 5-63 所示。

步骤 3 右击文本框，从弹出的快捷菜单中选择【编辑文字】选项，如图 5-64 所示。

图 5-63 添加文本框

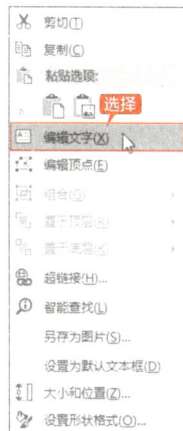

图 5-64 编辑文字

步骤 4 将内容粘贴到文本框中，并调整文字的字体、大小及格式，如图 5-65 所示。

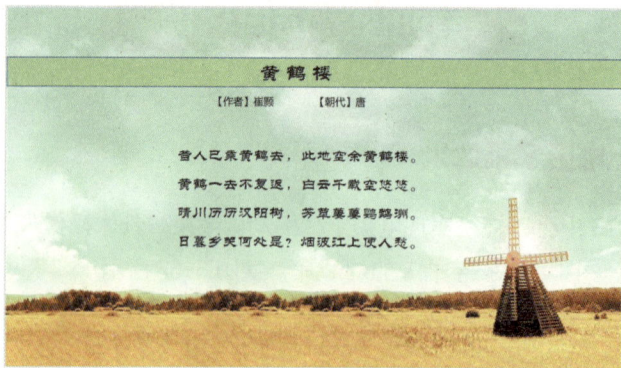

图 5-65　添加文字

步骤5　选中文本框，单击【动画】选项卡【动画】组中的【其他】按钮，在弹出的下拉列表中选择【更多退出效果】选项，如图 5-66 所示。

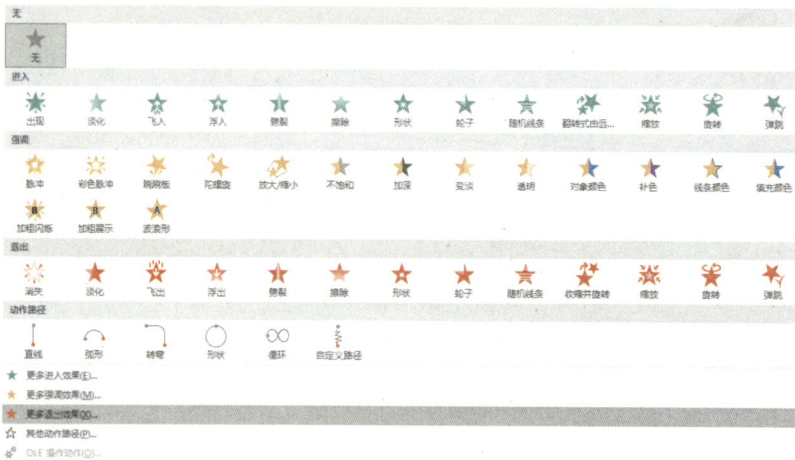

图 5-66　添加效果

步骤6　在弹出的【更改退出效果】对话框中选择【华丽】区域的【字幕式】选项，单击【确定】按钮，如图 5-67 所示。

图 5-67　选择效果

步骤7　即可完成电影字幕效果的制作。

拓展二　文字书写动画

步骤1　创建文本框，输入"中国"二字，设置字体为"微软雅黑"，大小适中，并复制该文本框，如图 5-68 所示。

图 5-68　样例页面

步骤2　这里我们发现用之前讲过的拆分法无法完全地拆分出两个字的每一笔画，所以我们采取另一种方法来拆分。点击【插入】选项卡，选择【形状】，点击【矩形】按钮。在第一个笔画的位置创建一个矩形。可以将矩形的填充颜色设置透明度为50，观察矩形有没有覆盖到其他笔画上，如图 5-69 所示。

图 5-69　拆分形状

步骤3　按住【Shift】键同时选择文本框和矩形，如图 5-70 所示。

图 5-70　选择形状

步骤 4　点击绘图工具的【格式】选项卡，选择【合并形状】右下角的拓展按钮，选择【相交】选项，如图 5-71 所示。

图 5-71　合并形状

步骤 5　重新粘贴文本框，继续上述操作，利用布尔运算得到后面的笔画，如图 5-72 所示。

图 5-72　布尔运算

步骤 6　最终我们得到所有笔画的单独对象，如图 5-73 所示。

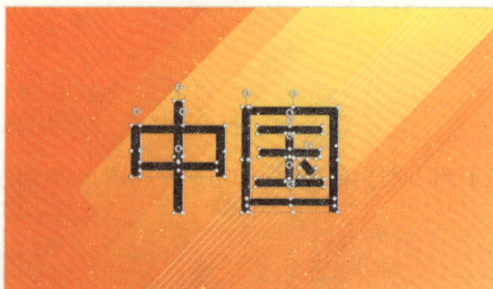

图 5-73　展示效果

步骤7 按照笔画的顺序，选择第一划，单击【动画】选项卡，选择【进入】动画区域的【擦除】选项，如图 5-74 所示。

图 5-74　添加动画

步骤8 单击动画菜单栏刚添加的动画选项的下拉菜单，选择【效果选项】。在弹出的对话框中，将方向设置为【自顶部】，如图 5-75 所示。

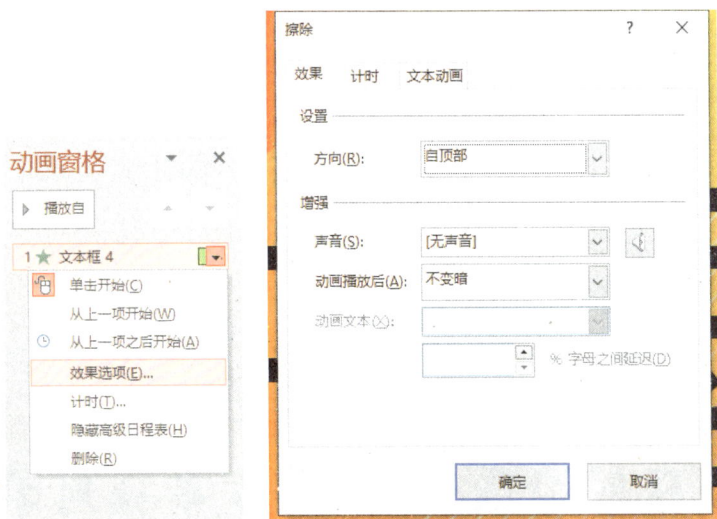

图 5-75　设置动画

步骤9 重复上述操作，按照笔画顺序依次为每一笔画设置动画效果，注意按照书写方式分别设置动画方向为【自顶部】或【自左侧】，最终得到效果如图 5-76 所示。

图 5-76　设置动画

步骤 10　预览一下动画效果。

动画效果

拓展三　卷轴动画

步骤 1　在页面插入一个卷轴图片，并输入文字"少年强则国强"，设置字体为毛笔类型，并将图片大小和文字大小调整到适中，如图 5-77 所示。

步骤 2　单击【插入】选项卡，选择形状里的矩形，画一个矩形遮盖住卷轴图片的左边卷轴，然后复制图片，如图 5-78 所示。

图 5-77　样例页面

图 5-78　遮盖

步骤 3　按住【Shift】键同时选图片和形状，单击绘图工具里的【格式】选项卡，选择【合并形状】右下角的拓展按钮，选择【相交】选项，得到一个单独的卷轴，如图 5-79 所示。

步骤 4　再次粘贴图片，按照上述操作分别得到卷轴的中间部分和右边卷轴，如图 5-80 所示。

图 5-79　合并形状

图 5-80　重复操作

步骤5 将左右两个卷轴平移到中间位置，选中左边的卷轴，点击【动画】选项卡，选择【其他】弹出下拉菜单，选择【其他动作路径】，如图 5-81 所示。

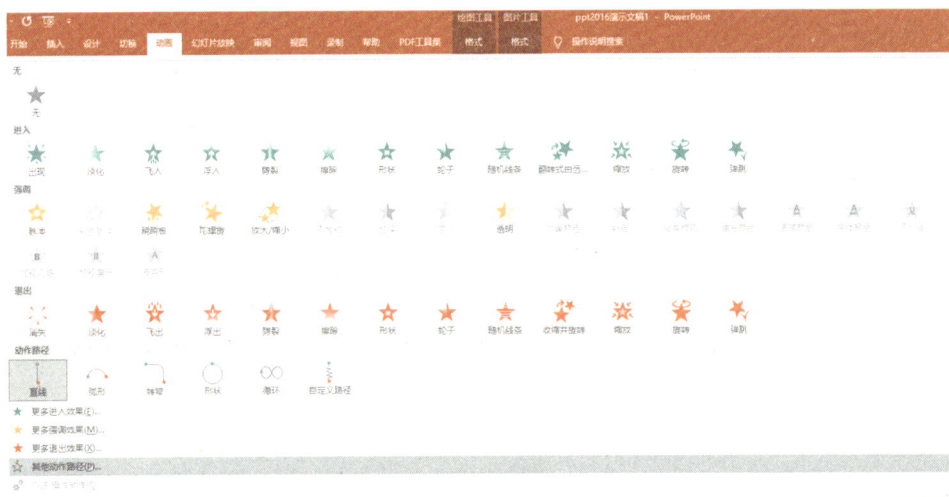

图 5-81　添加路径动画

步骤6 在弹出的对话框中选择【向左】，如图 5-82 所示。

步骤7 拖拽添加的路径动作条至卷轴滚动的起始和终点位置，如图 5-83 所示。

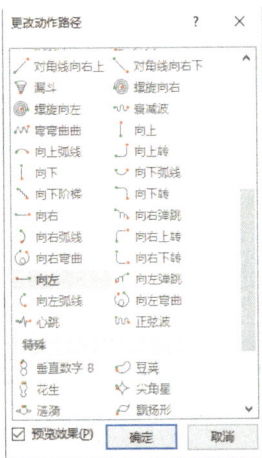

图 5-82　选择路径动画

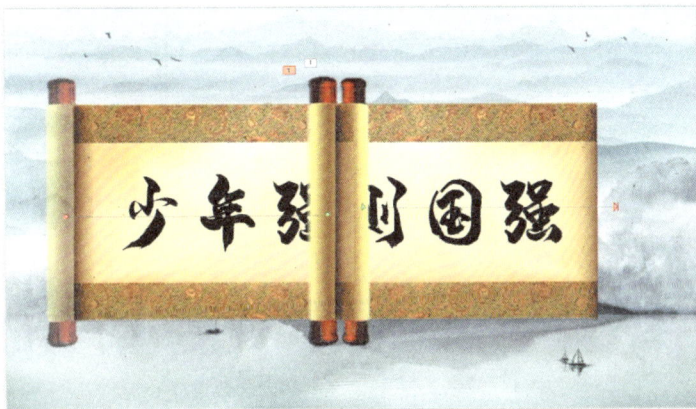

图 5-83　选择位置

步骤8 点击右侧添加的【动画】选项中的下拉菜单，选择【效果选项】，调整时间为【慢速3秒】，如图5-84所示。

图5-84 设置动画

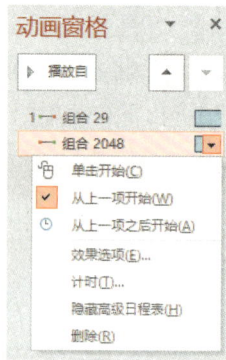

图5-85 设置动画

步骤9 重复上面的操作，为右侧卷轴添加同样的动画效果，动作路径设置为【向右】，并把动画效果时间改为【从上一项开始】，如图5-85所示。

步骤10 选中中间部分图片，添加进入动画效果【劈裂】，如图5-86所示。

图5-86 设置动画

步骤11 单击【效果选项】，调整方式为【中央向左右展开】，并设置时间为【慢速3秒】，开始时间为【与上一动画同时】，如图5-87所示。

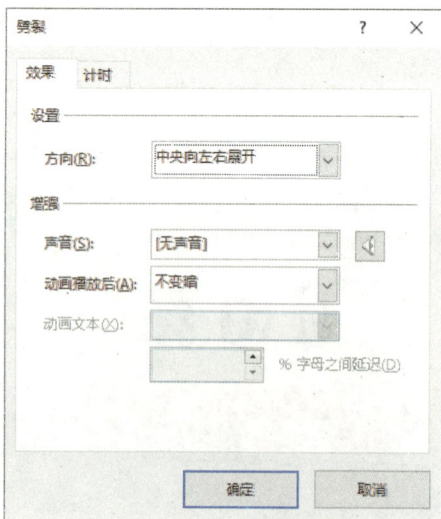

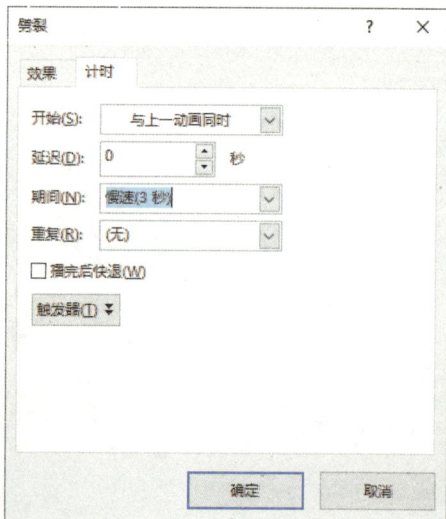

图5-87 设置动画

步骤12 预览播放整体效果，然后微调动画的时间，让3个动画的时间配合完美，如图5-88所示。

图5-88　效果展示

微 实 践

一、填空题

1. 在PowerPoint 2016中，可以利用_____功能为大量的图片设置同样的动画效果。

2. 在已经设置好的动画列表中，⌨这个符号表示的是_____。

3. 在PowerPoint 2016中，不是所有的切换效果都具有可自定义的属性，比如_____就不可以对这些属性进行自定义设置。

二、综合实训题

1. 数学

制作一页小学数学题解析的课件，要求先逐条显示一个错误答案，然后划掉并擦除后再逐条显示正确答案，如图5-89所示。

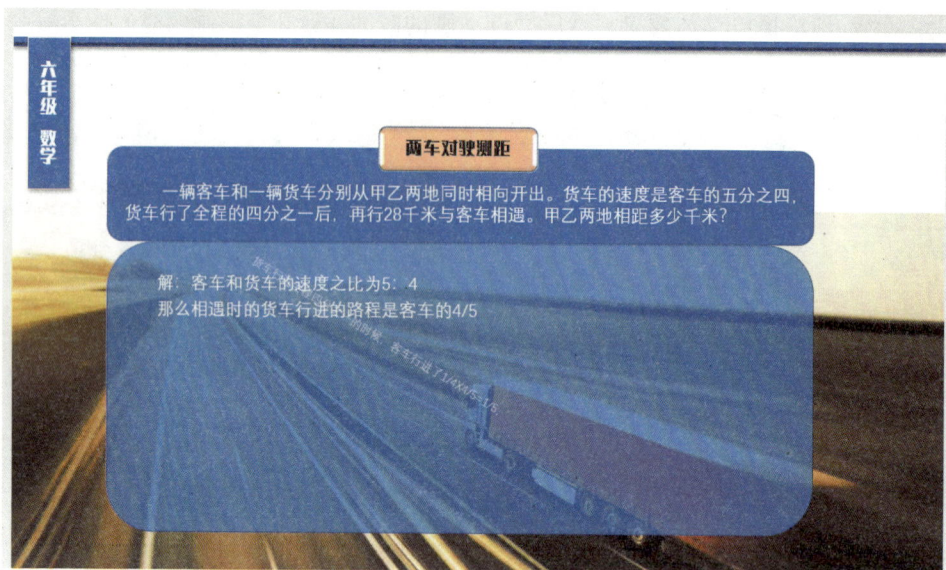

图 5-89 样例页面

2.英语

制作一页英语单词讲解PPT，要求达到点击一个单词即翻转到背面变成中文的类似效果，如图 5-90 所示。

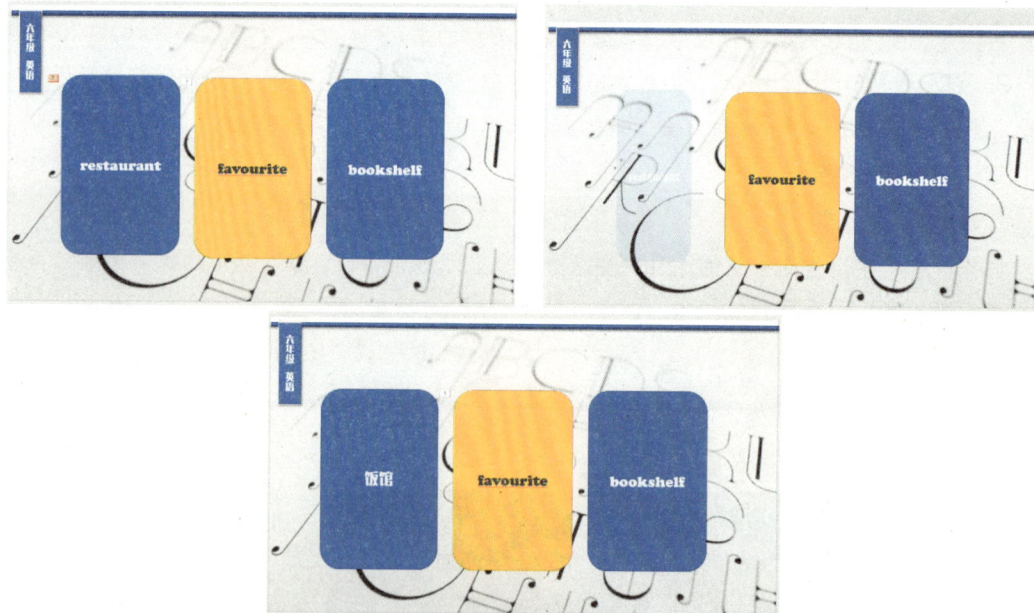

图 5-90 样例页面

扫一扫 学一学

课件 "交互"

本章主要介绍在PowerPoint 2016中如何实现页面和内容的交互效果。交互是指课件与教师、学生之间的互动，代表教师可以控制课件的演示，能够根据课件内容与教学目标之间的关系、学生的实际学习情况和反应情况来控制教学信息的传达。PowerPoint的交互功能主要包括内外超链接、触发器交互等。

- 掌握如何使用超链接
- 学习使用动作来控制
- 了解触发器的使用方法
- 能够在实际操作中利用超链接和动作按钮控制幻灯片的跳转以及打开课件外内容等

任何一个课件的制作及向学生的展示，都与学生对社会发展、民族富强的认知有直接联系。在教学过程中，教师引导学生体会我国拥有并运行根域名服务器的紧迫性和重要性，以使学生努力学习专业知识，为将我国建设成社会主义现代化强国而奋斗。

- 提高网络主权意识。
- 加强网络安全意识。

第一课 使用超链接、动作方式交互

在PowerPoint中，超链接可以是从一张幻灯片到同一演示文稿中另一张幻灯片的链接，也可以是从一张幻灯片到不同演示文稿中另一张幻灯片、网页、电子邮件地址或文件的链接等。可以从文本或对象创建超链接。

一、链接同一演示文稿中的幻灯片

将文本链接到同一演示文稿中的幻灯片的具体操作步骤如下。

步骤1 打开文件，在普通视图中选择要用作超链接的文本，如选中文字"加强道德修养"，如图6-1所示。

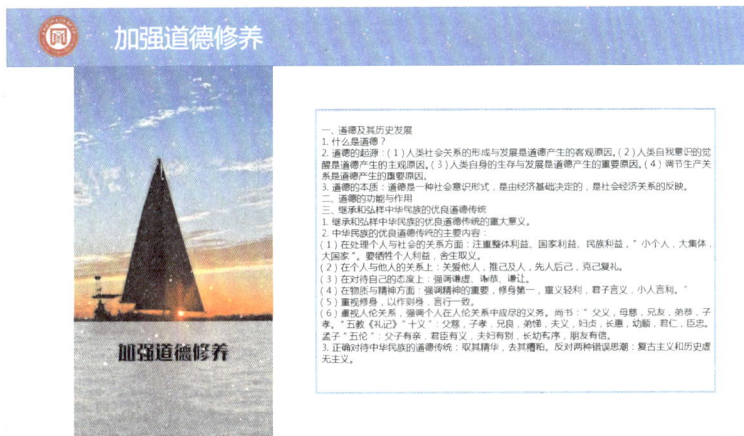

图6-1 样例页面

步骤2 单击【插入】选项卡【链接】组中的【超链接】按钮，如图6-2所示。

步骤3 在弹出的【插入超链接】对话框左侧的【链接到】列表框中选择【本文档中的位置】选项，在右侧【请选择文档中的位置】列表中选择【幻灯片11】选项，如图6-3所示。

图6-2 【超链接】选项　　图6-3 【超链接】对话框

步骤4 单击【确定】按钮，即可将选中的文本链接到同一演示文稿中的最后一张幻灯片。

添加超链接后的文本以蓝色、下划线字显示，放映幻灯片时，单击添加过超链接的文本即可链接到相应的文件。

步骤5 按【F5】键放映幻灯片，单击创建了超链接的文本"加强道德修养"，即可将幻灯片链接到另一幻灯片中。

二、链接课件外内容

（一）链接到不同演示文稿中的幻灯片

将文本链接到不同演示文稿中的幻灯片的具体操作步骤如下。

步骤1 打开上节中的PPT页面，如图6-4所示。

图6-4 样例页面

步骤2 单击【插入】选项卡【链接】组中的【超链接】按钮。

步骤3 在弹出的【插入超链接】对话框左侧的【链接到】列表框中选择【现有文件或网页】选项，选择另一个PPT文件作为链接到幻灯片的演示文稿，单击【确定】按钮，如图6-5所示。

步骤4 在弹出的【在文档中选择位置】对话框中选择幻灯片标题，单击【确定】按钮，如图6-6所示。

图6-5 插入超链接

图6-6 选择超链接

步骤 5　返回【插入超链接】对话框。可以看到选择的幻灯片标题也添加到【地址】文本框中，单击【确定】按钮。

步骤 6　即可将选中的文本链接到另一演示文稿中的幻灯片。

如果在主演示文稿中添加指向演示文稿的链接，则在将主演示文稿复制到便携电脑中时，请确保将链接的演示文稿复制到主演示文稿所在的文件夹中。如果不复制链接到的演示文稿，或者如果重命名、移动或删除它，则链接的演示文稿将不可用。

（二）链接到 Web 上的页面或文件

将文本链接到 Web 上的页面或文件的具体操作步骤如下。

步骤 1　打开文件，在普通视图中选择要用作超链接的文本，如选中文字"加强道德修养"，如图 6-7 所示。

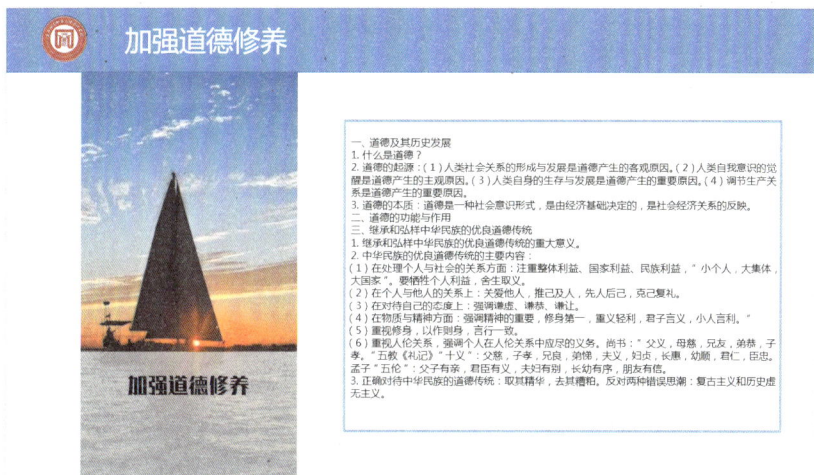

图 6-7　样例页面

步骤 2　单击【插入】选项卡【链接】组中的【超链接】按钮。

步骤 3　在弹出的【插入超链接】对话框左侧的【链接到】列表框中选择【现有文件或网页】选项，在【查找范围】文本框右侧单击【浏览 Web】按钮，如图 6-8 所示。

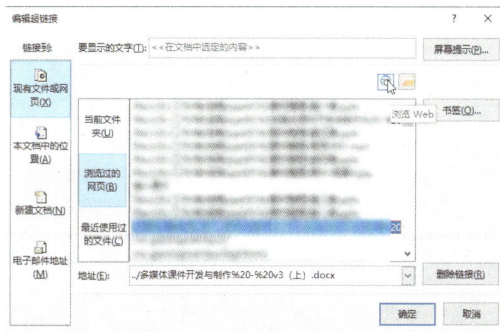

图 6-8　插入超链接

步骤 4　在弹出的网页浏览器中找到并选择要链接到的页面或文件，然后单击【确定】

按钮即可。如链接到百度首页，如图 6-9 所示。

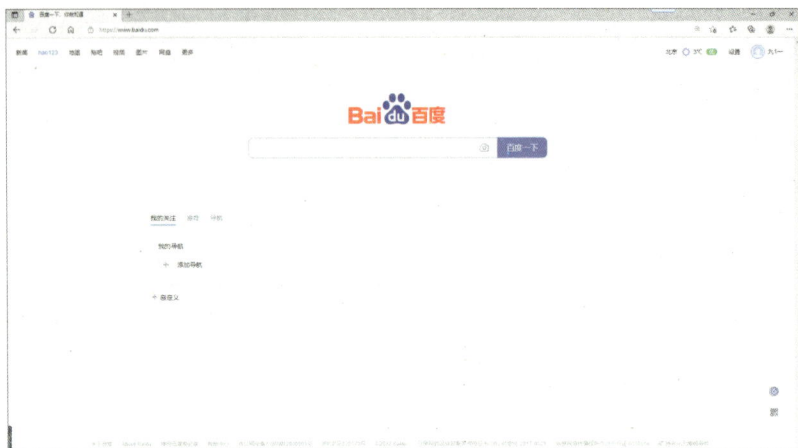

图 6-9　弹出页面

步骤 5　此时【插入超链接】对话框的【地址】文本框中显示了刚链接到的百度首页地址，单击【确定】按钮即可将选中的文本链接到 Web 页面上。

（三）链接到电子邮件地址

将文本链接到电子邮件地址的具体操作步骤如下。

步骤 1　打开文件，在普通视图中选择要用作超链接的文本，如仍选中如图 6-1 所示的文字"加强道德修养"。

步骤 2　单击【插入】选项卡【链接】组中的【超链接】按钮。

步骤 3　在弹出的【插入超链接】对话框左侧的【链接到】列表框中选择【电子邮件地址】选项，在右侧【电子邮件地址】文本框中输入要链接到的电子邮件地址，在【主题】文本框中输入电子邮件的主题"旅游"，单击【确定】按钮，如图 6-10 所示。即可将选中的文本链接到指定的电子邮件地址。

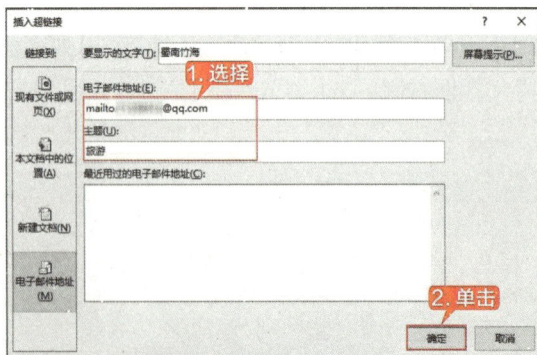

图 6-10　插入超链接

也可以在【最近用过的电子邮件地址】列表框中单击电子邮件地址。

步骤 4　按【F5】键放映幻灯片，单击创建了超链接的文本"加强道德修养"，即可将幻灯片链接到电子邮件，如图 6-11 所示。

图 6-11 效果展示

（四）链接到新文件

将文本链接到新文件的具体操作步骤如下。

步骤 1 打开文件，在普通视图中选择要用作超链接的文本，如仍选中如图 6-1 所示文字"加强道德修养"。

步骤 2 单击【插入】选项卡【链接】组中的【超链接】按钮。

步骤 3 在弹出的【插入超链接】对话框左侧的【链接到】列表框中选择【新建文档】选项，在【新建文档名称】文本框中输入要创建并链接到的文件的名称"景点宣传-四姑娘山"，单击【确定】按钮。如图 6-12 所示。

如果要在另一位置创建文档，可在【完整路径】区域单击【更改】按钮，在弹出的【新建文档】对话框中选择要创建文件的位置，然后单击【确定】按钮。即可创建一个新的名称为"景点宣传-四姑娘山"的演示文稿。如图 6-13 所示。

图 6-12

图 6-13

第二课 使用触发器交互

在 PowerPoint 中，可以为幻灯片中的文本或对象创建超链接，也可以创建动作到幻灯片中。

一、添加动作按钮

（一）创建动作按钮

给幻灯片创建动作按钮的具体操作步骤如下。

步骤 1 打开文件，选择要创建动作按钮的幻灯片，如图 6-14 所示。

步骤 2 单击【插入】选项卡【插图】组中的【形状】按钮，在弹出的下拉列表中单击【动作按钮】区域的【后退或前一项】图标，如图 6-15 所示。

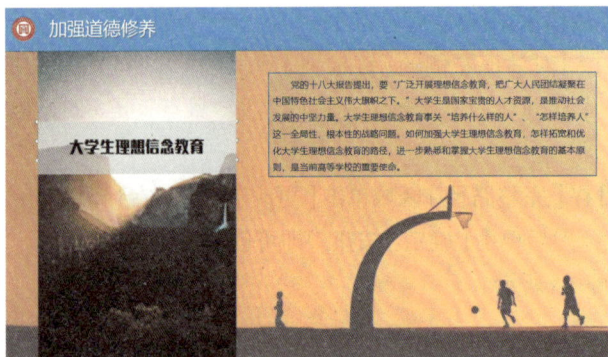

图 6-14 样例页面

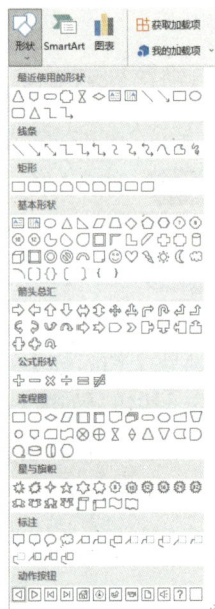

图 6-15 插入形状

步骤 3 在幻灯片的左下角单击并按住鼠标不放拖曳到适当位置处释放，弹出【操作设置】对话框。选择【单击鼠标】选项卡，在【单击鼠标时的动作】区域中选中【超链接到】单选按钮，并在其下拉列表中选择【上一张幻灯片】选项，单击【确定】按钮，如图 6-16 所示。即可完成动作按钮的创建。

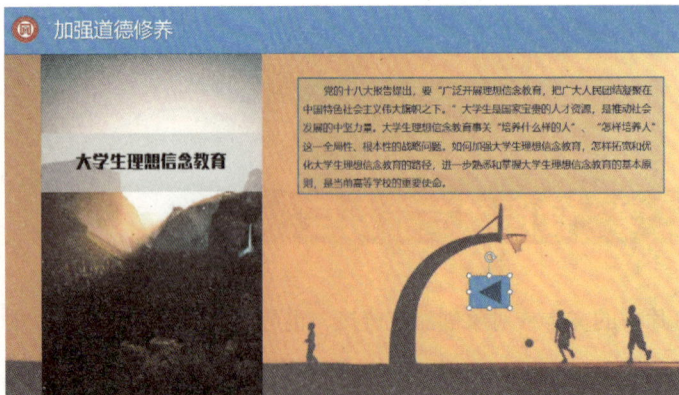

图 6-16 超链接设置

（二）为文本或图形添加动作

给幻灯片中的文本或图形添加动作按钮的具体操作步骤如下。

步骤1 打开文件，选择要添加动作的文本，如选择"加强道德修养"，如图 6-17 所示。

步骤2 单击【插入】选项卡【链接】组中的【动作】按钮。

步骤3 在弹出的【操作设置】对话框中选择【单击鼠标】选项卡，在【单击鼠标时的动作】区域中选中【超链接到】单选按钮，并在其下拉列表中选择【最后一张幻灯片】选项，单击【确定】按钮，如图 6-18 所示。

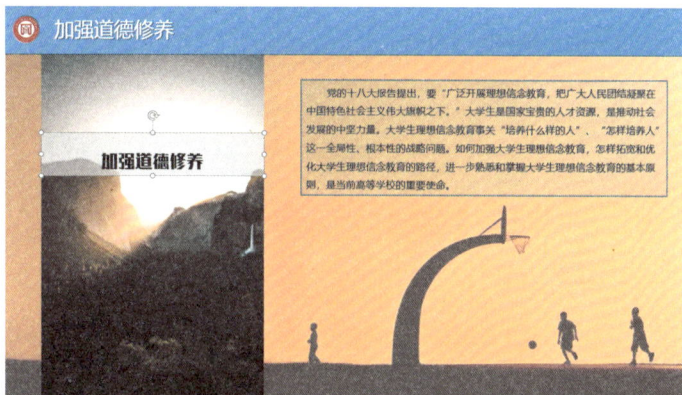

图 6-17 样例页面

图 6-18 超链接设置

步骤4 即可完成为文本添加动作按钮的操作。添加动作后的文本以蓝色、下划线字显示，放映幻灯片时，单击添加过动作的文本即可进行相应的动作操作。

二、设置鼠标单击动作和经过动作

（一）设置鼠标单击动作

在【操作设置】对话框中选择【单击鼠标】选项卡，在其下可以设置单击鼠标时的动作，如图 6-19 所示。

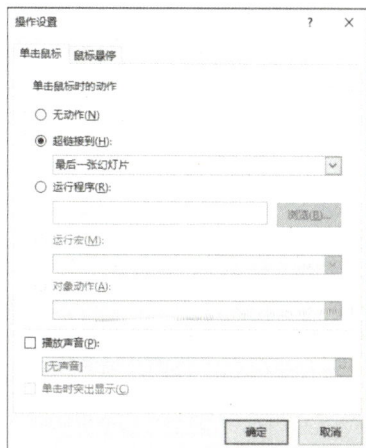

图 6-19 操作设置

设置单击鼠标时的动作，可以通过对话框中的【无动作】【超链接到】和【运行程序】等单选按钮来操作。

选中【无动作】单选按钮，即不添加任何动作到幻灯片的文本或对象。

选中【超链接到】单选按钮，可以从其下拉列表中选择要链接到的对象，如图 6-20 所示。

选中【运行程序】单选按钮时，单击【浏览】按钮，在弹出的【选择一个要运行的程序】对话框中可以选择要链接到的对象，如图 6-21 所示。

图 6-20　超链接对象　　　　　　　　图 6-21　插入超链接

选中【播放声音】复选框时，可以为创建的鼠标单击动作添加播放声音。

（二）设置鼠标经过动作

选择【操作设置】对话框中的【鼠标悬停】选项卡，在该对话框中即可设置鼠标经过时的动作。其设置方法和设置鼠标单击动作方法类似，如图 6-22 所示。

图 6-22　设置超链接

第三课 项目实例

实训一 动作效果设置

为下面案例设置鼠标单击动作和经过动作的效果。

步骤1 选择要添加动作的文本，如图6-23所示。

图6-23 样例页面

步骤2 单击【插入】选项卡【链接】组中的【动作】按钮。

步骤3 在弹出的【操作设置】对话框中选择【单击鼠标】选项卡，在【单击鼠标时的动作】区域中选中【超链接到】单选按钮，如图6-24所示。

步骤4 在【超链接到】的下拉列表中选择【其他PowerPoint演示文稿】选项，如图6-25所示。

图6-24 超链接设置

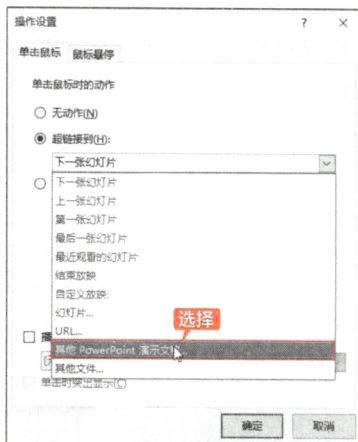

图6-25 选择超链接

步骤5 在弹出的【超链接到其他PowerPoint演示文稿】对话框中选择需要链接的演示文稿，单击【确定】按钮。

步骤6 在弹出的【超链接到幻灯片】对话框的【幻灯片标题】列表框中选择要链接的幻灯片，如选择第2张幻灯片，单击【确定】按钮，如图6-26所示。

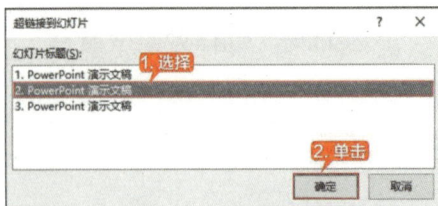

图6-26 选择超链接

步骤7 返回【操作设置】对话框后再次单击【确定】按钮，即可完成播放幻灯片时单击该文本的动作设置，即该文本到其他演示文稿的链接。

步骤8 选择第2张幻灯片中的"加强道德修养"文字，如图6-27所示。

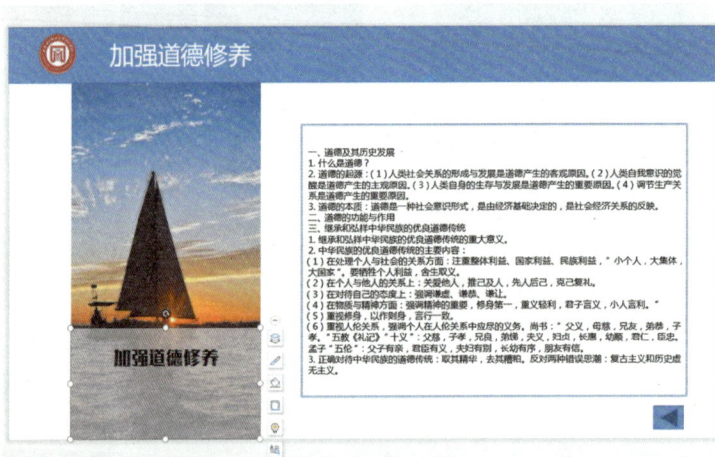

图6-27 样例页面

步骤9 单击【插入】选项卡【链接】组中的【动作】按钮，在弹出的【操作设置】对话框中选择【鼠标悬停】选项卡，然后在【鼠标移过时的动作】区域中选中【超链接到】单选按钮，并在【超链接到】下拉列表中选择【下一张幻灯片】选项，单击【确定】按钮，如图6-28所示。

图6-28 插入超链接

在播放幻灯片时，鼠标经过该文字内容时即可切换到下一张幻灯片。

实训二　制作导航链接

本实例介绍如何使用超链接为一次数学课件的目录做导航链接。本小节制作的数学课件最终效果如图 6-29 所示。

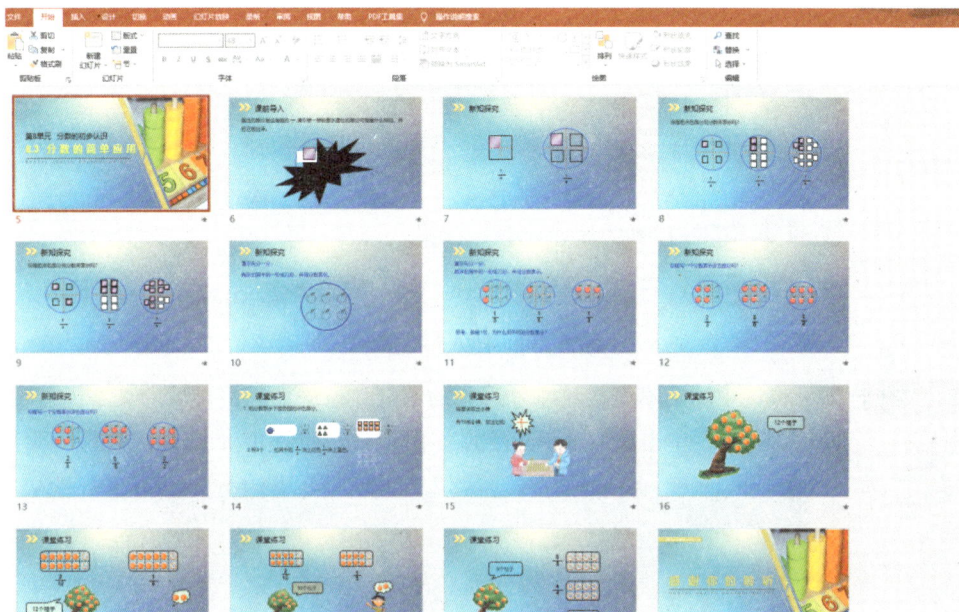

图 6-29　样例页面

制作数学课件的具体步骤如下。

一、创建超链接文本

步骤1　打开文件，在普通视图中选择要用作超链接的文本，如图 6-30 所示，选中文字"课前导入"。

图 6-30　选择文本

步骤2　单击【插入】选项卡【链接】组中的【超链接】按钮。

步骤3　在弹出的【插入超链接】对话框左侧的【链接到】列表框中选择【本文档中的位

置】选项，在右侧【请选择文档中的位置】列表中选择【幻灯片 7】选项，单击【确定】按钮，如图 6-31 所示。

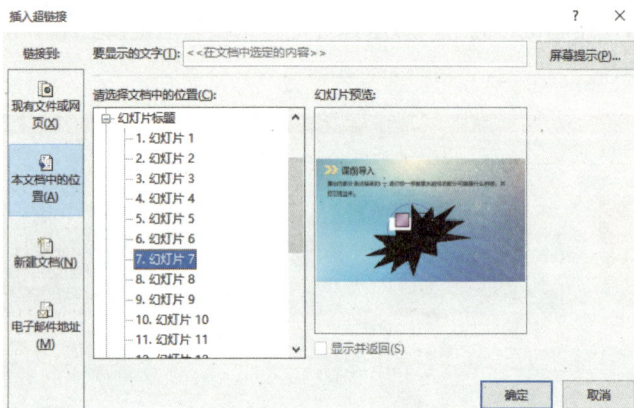

图 6-31　插入超链接

步骤 4　即可将选中的文本链接到刚才选中的幻灯片。添加超链接后的文本以蓝色、下划线字显示，放映幻灯片时，单击添加过超链接的文本即可链接到相应的文件，如图 6-32 所示。

图 6-32　超链接效果

步骤 5　按【F5】键放映幻灯片，单击创建了超链接的文本"课前导入"，即可将幻灯片链接到另一幻灯片，如图 6-33 所示。

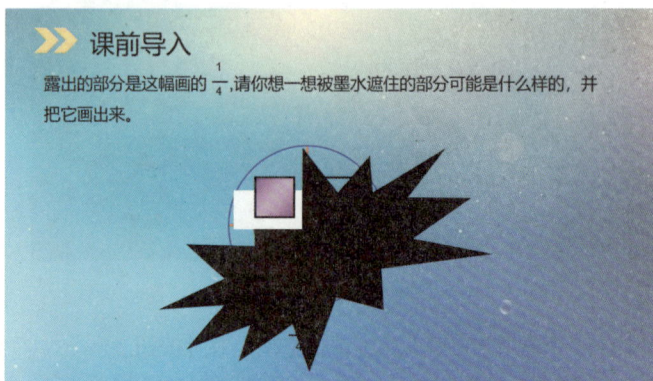

图 6-33　添加超链接

步骤6 使用相同的方法为目录中的其他文本创建超链接。

二、创建动作

步骤1 选择另一张幻灯片，如图6-34所示。

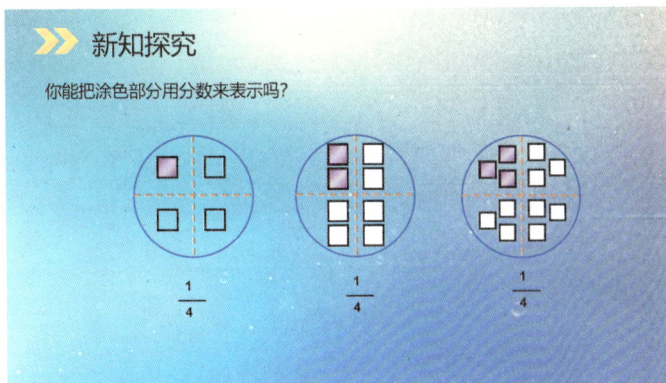

图6-34 样例页面

步骤2 单击【插入】选项卡【插图】组中的【形状】按钮，在弹出的下拉列表中选择【动作按钮】区域的【动作按钮：自定义】图标，如图6-35所示。

步骤3 在幻灯片的左下角单击并按住鼠标左键不放，拖曳到适当位置处释放，弹出【操作设置】对话框。选择【单击鼠标】选项卡，在【单击鼠标时的动作】区域中选中【超链接到】单选按钮，并在其下拉列表中选择【幻灯片】选项，如图6-36所示。

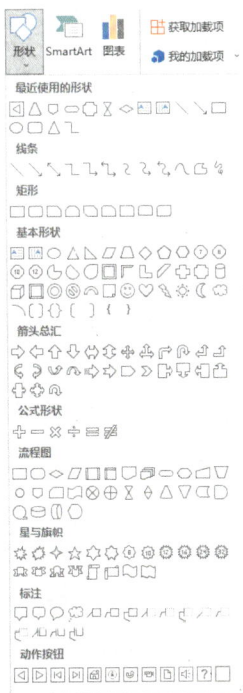

图6-35 添加形状

图6-36 插入超链接

步骤 4 弹出【超链接到幻灯片】对话框，从中选择目录幻灯片【幻灯片 11】，单击【确定】按钮，如图 6-37 所示。

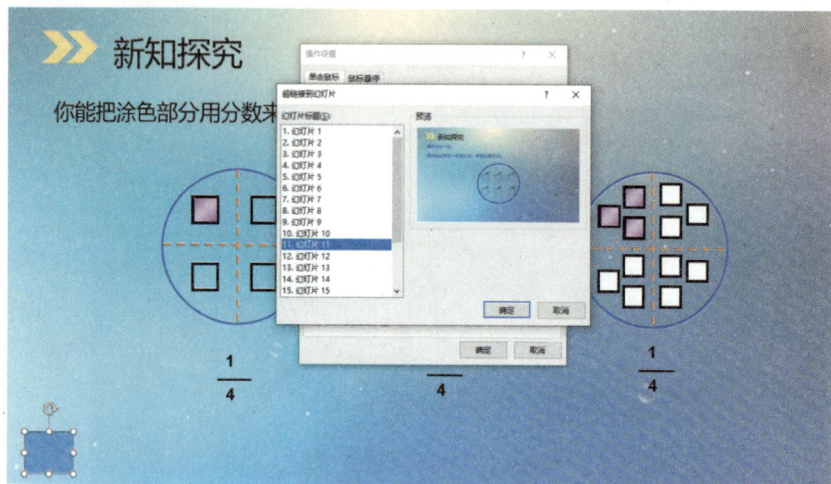

图 6-37 选择链接页面

步骤 5 预览一下完成动作按钮的创建后的效果。

动画效果

第四课 项目拓展

拓展一 如何改变超链接的颜色？

PowerPoint 中的超链接功能可以让幻灯片不受顺序限制，随时打开其他文件或网页。默认情况下，超链接后的文字为蓝色并且带有下划线。如果希望对超链接的颜色进行修改，可以按以下步骤进行。

步骤 1 单击【设计】选项卡【主题】组中的【颜色】按钮，在下拉菜单中选择【自定义颜色】命令，如图 6-38 所示。

步骤 2 弹出【新建主题颜色】对话框，分别单击【超链接】和【已访问过的链接】右下角的下拉按钮，选择喜欢的颜色即可，如图 6-39 所示。

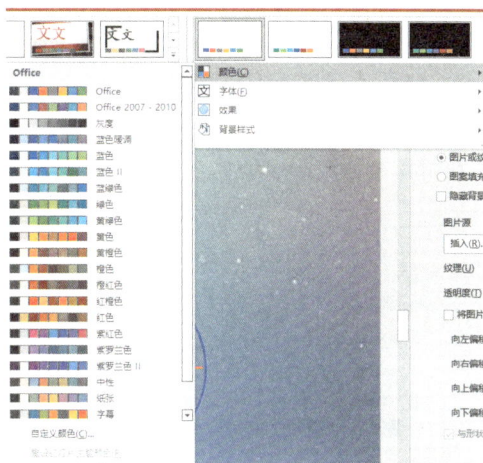

图 6-38 【自定义颜色】选项

图 6-39 选择颜色

拓展二　在PowerPoint演示文稿中创建自定义动作

在PPT演示文稿中经常要用到链接功能，这一功能既可以使用超链接功能实现，也可以使用【动作按钮】功能来实现。

下面，我们建立一个【答案】按钮，以链接到第10张幻灯片上。

步骤1　打开文件，选择要创建自定义动作按钮的幻灯片，如图 6-40 所示。

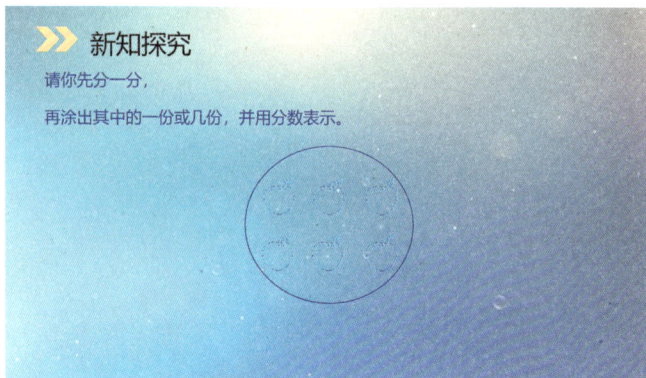

图 6-40　样例页面

步骤2　单击【插入】选项卡【插图】组中的【形状】按钮，在弹出的下拉列表中选择【动作按钮】区域的【动作按钮：自定义】图标，如图 6-41 所示。

图 6-41　插入动作按钮

步骤3 在幻灯片的左下角单击并按住鼠标左键不放，拖曳到适当位置处释放，弹出【操作设置】对话框。选择【单击鼠标】选项卡，在【单击鼠标时的动作】区域中选中【超链接到】单选按钮，并在其下拉列表中选择【幻灯片】选项。

步骤4 弹出【超链接到幻灯片】对话框，在【幻灯片标题】下拉列表中选择【幻灯片10】对应选项，单击【确定】按钮，如图6-42所示。

步骤5 在【操作设置】对话框中可以看到【超链接到】文本框中显示了【幻灯片10】选项，单击【确定】按钮，如图6-43所示。

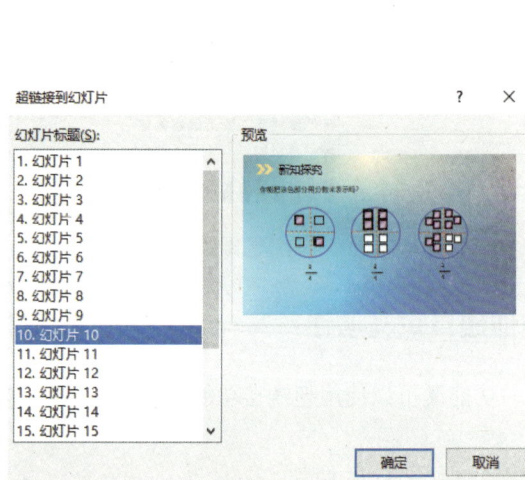

图 6-42　插入超链接　　　　　　　　　　图 6-43　超链接页面选择

步骤6 在幻灯片中创建的动作按钮中输入文字"答案"，如图6-44所示。

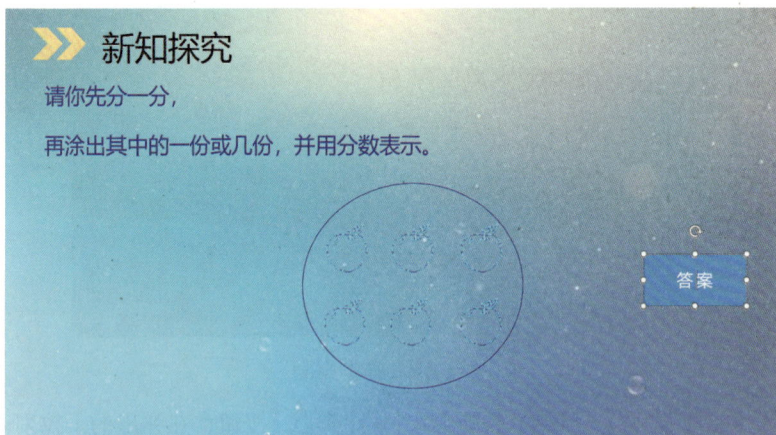

图 6-44　输入文字

步骤7 在放映幻灯片时，单击该按钮即可直接切换到如图6-45所示第6张幻灯片。

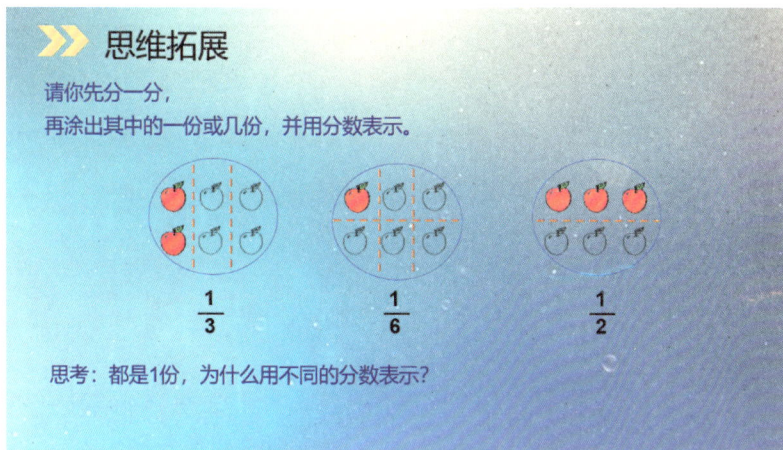

图6-45 插入超链接

微实践

一、填空题

1. 在PowerPoint 2016中，如果在主演示文稿中添加指向演示文稿的链接，请确保将链接的演示文稿复制到_____文件夹中，才能保证超链接可以使用。

2. 添加超链接后的文本以_____、_____字显示，放映幻灯片时，单击添加过超链接的文本即可链接到相应的文件。

3. 在设定鼠标动作时，应在弹出的【操作设置】对话框中选择_____选项卡，在_____区域中选中_____单选按钮，并在其下拉列表中选择【最后一张幻灯片】选项，单击【确定】按钮。

二、综合实训题

1. 为之前的课件制作一个目录，要求每一个章节点一下都能跳转到目标页面，并且目标页面也有一个返回目录页面的按钮，如图6-46所示。

图6-46 目标页面

2. 制作一个基础英语教学课件，首页为26个英文字母，点击任意字母进入该字母的介绍页，包括单词举例、造句举例及发音，如图6-47、图6-48所示。

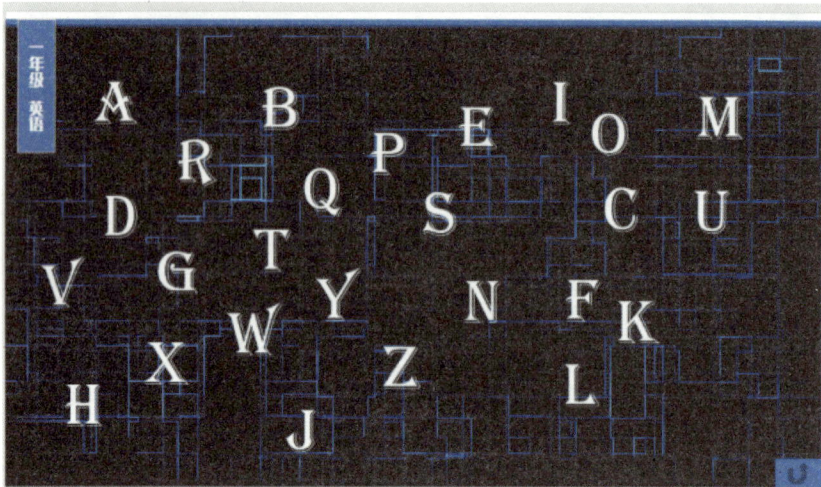

图 6-47　基础英语教学课件首页

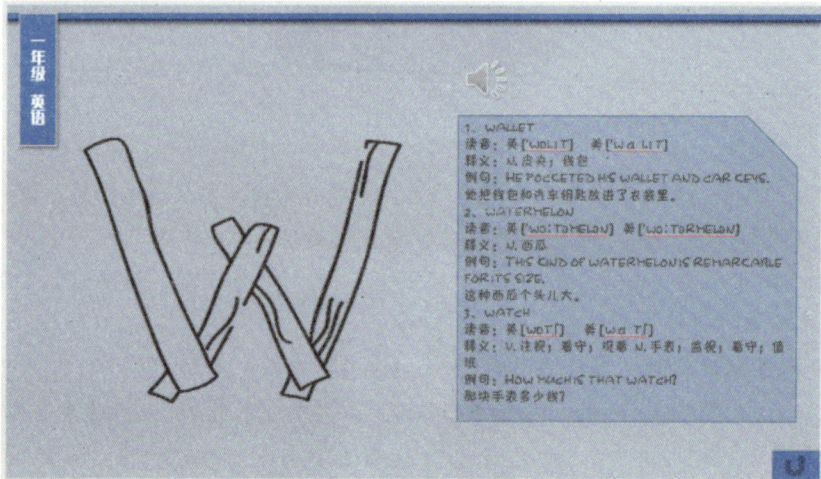

图 6-48　字母介绍页

扫一扫 学一学

项目七

外"观"设计

课程介绍

　　课件的页面美观与否是影响课件质量的主要因素之一。本章主要介绍在 PowerPoint 2016 中整体布局的美观与方便性上进行提升学习，包括幻灯片布局和背景、母版的制作和设计等，通过对这些基本操作知识的学习，读者可以更好地进行课件的制作。

学习目标

- 理解课件界面设计的原则
- 了解文字、图片、图形等课件内各元素的风格及作用
- 掌握 PowerPoint 主题的应用方法
- 掌握 PowerPoint 版式的应用方法
- 掌握 PowerPoint 母版的设计和应用方法
- 能够在实际操作中利用主题和母版统一课件的风格，美化课件

课程思政目标

　　外观设计不仅仅是美术教学，在教学的过程中还可以传承优秀传统文化，传承民族精神，让学生在学习制作专业课件知识的同时，了解和学习中华优秀传统文化，树立民族自豪感，并主动地去传承去推广，激发爱国主义情怀。

- 提升民族自信和文化自信。
- 树立正确、健康、进步的审美观。
- 增强人文素养和审美修养，创造审美化的人生。

第一课 幻灯片布局与背景配色

一、应用主题

打开PowerPoint时自动出现的单个幻灯片有两个占位符，一个用于标题格式，另一个用于副标题格式。占位符是一种带有虚线或阴影线边缘的框，绝大部分幻灯片版式中都有这种框。在这些框内可以放置标题及正文，或者是图表、表格和图片等对象。幻灯片上的占位符排列称为布局。

为幻灯片应用布局可以使用以下两种方法，具体操作步骤如下。

（一）通过功能区的【开始】选项卡

步骤 1 单击【幻灯片】组中的【新建幻灯片】按钮或其下拉按钮，从弹出的下拉菜单中可以选择所要使用的Office主题，即幻灯片布局，如图7-1所示。

图 7-1 新建幻灯片

步骤 2 系统将自动创建一个使用所选布局的新幻灯片，如图 7-2 所示。

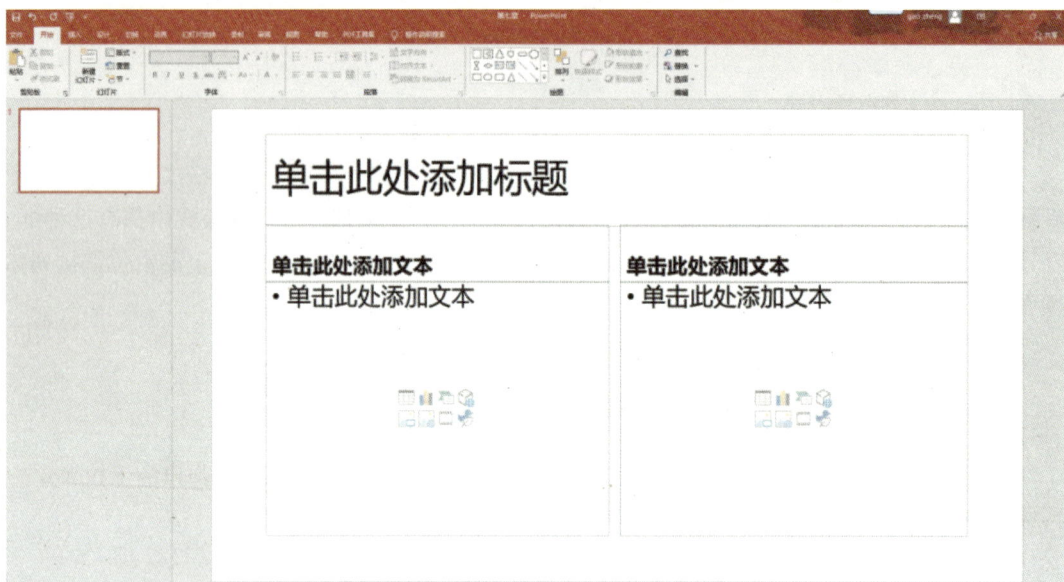

图 7-2　选择布局

（二）使用鼠标右键

步骤 1 在幻灯片窗格的缩略图上右击，在弹出的快捷菜单中选择【版式】选项，从其子菜单中选择要应用的新布局，如图 7-3 所示。

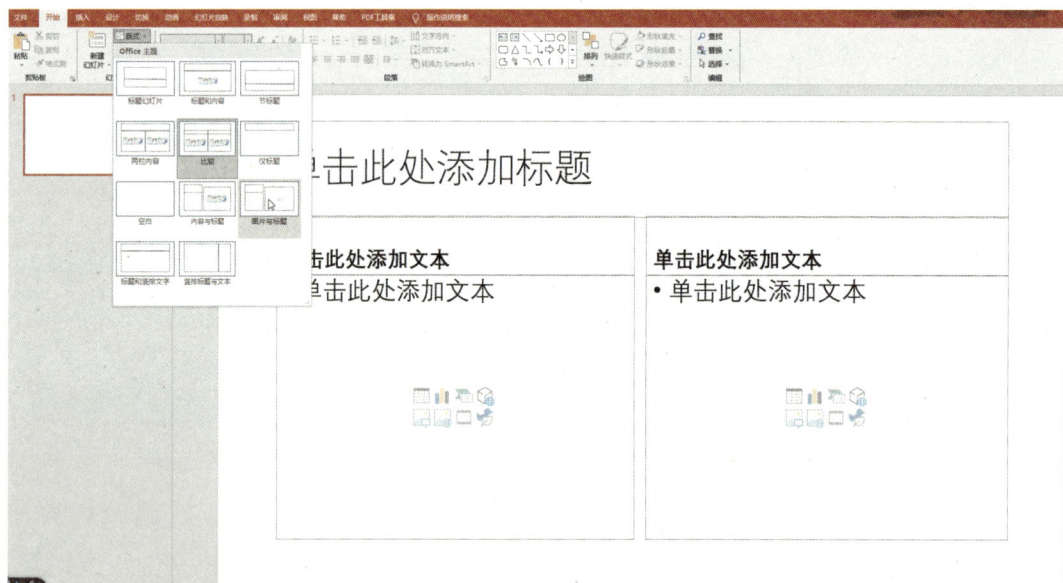

图 7-3　选择版式

步骤 2 系统将自动应用该幻灯片的新布局，如图 7-4 所示。

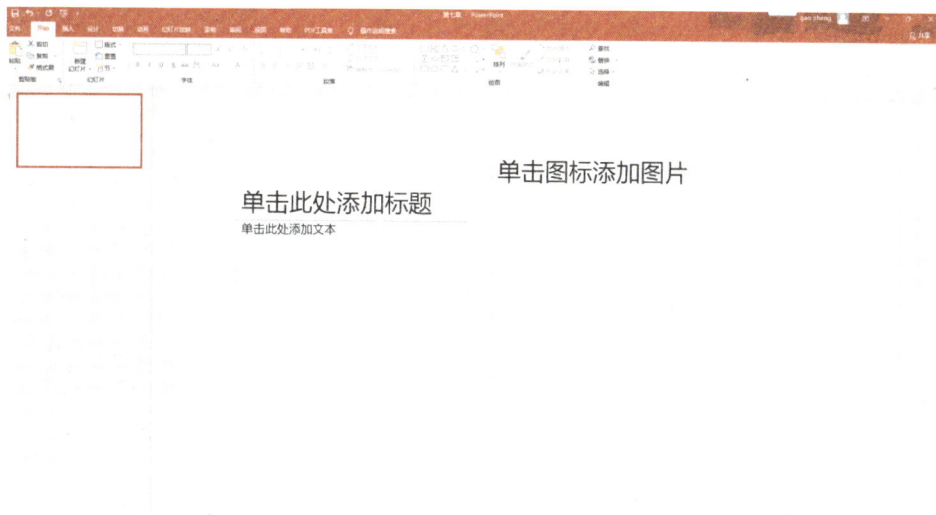

单击图标添加图片

单击此处添加标题

单击此处添加文本

图 7-4　选择版式

二、应用版式

创建新的空白演示文稿，或使用最近打开的模板、样本模板或主题等，都可以通过单击【文件】选项卡，从弹出的菜单中选择【新建】选项，然后从【新建】区域中选择需要使用的内置模板。

（一）使用内置模板

下面具体介绍使用内置模板的具体操作步骤。

步骤 1　在打开的演示文稿1中单击【文件】选项卡，从弹出的菜单中选择【新建】选项。

步骤 2　即会在右侧弹出【新建】窗口。

步骤 3　单击【空白演示文稿】选项，或在【空白演示文稿】选项上单击右键选择【新建】选项，如图 7-5 所示。

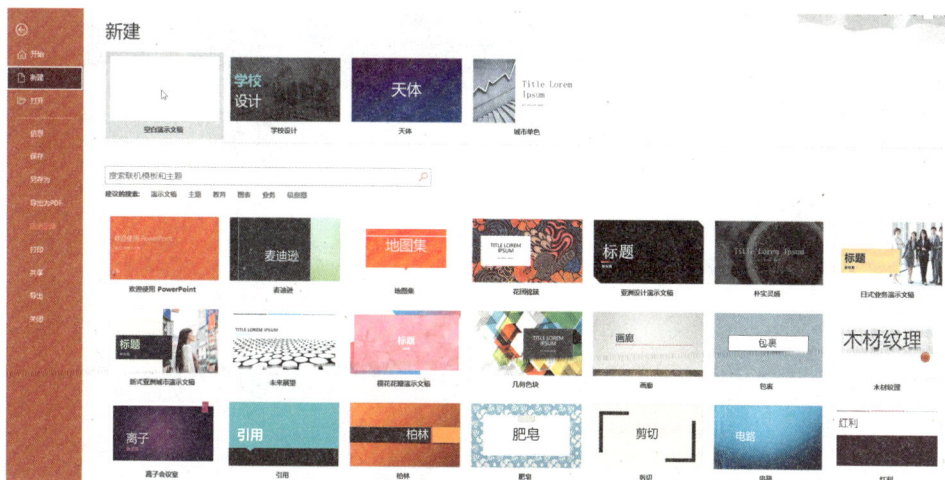

图 7-5　【新建】选项

步骤 4 系统即可自动创建一个名称为"演示文稿2"的空白新演示文稿，如图7-6所示。

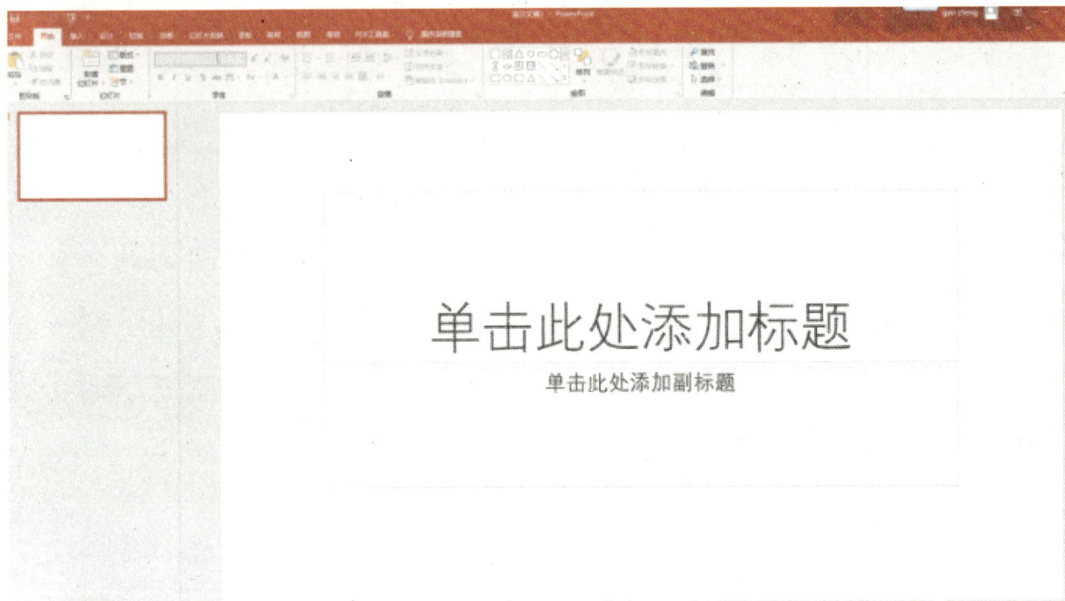

图7-6　新建演示文稿

步骤 5 用户也可以从样本模板中选择需要创建的内置模板，如图7-7所示。

图7-7　内置模板

步骤 6 本例单击选择【天体】样本模板选项，即可从弹出的样本模板中选择需要创建的模板，单击【创建】按钮，如图7-8所示。

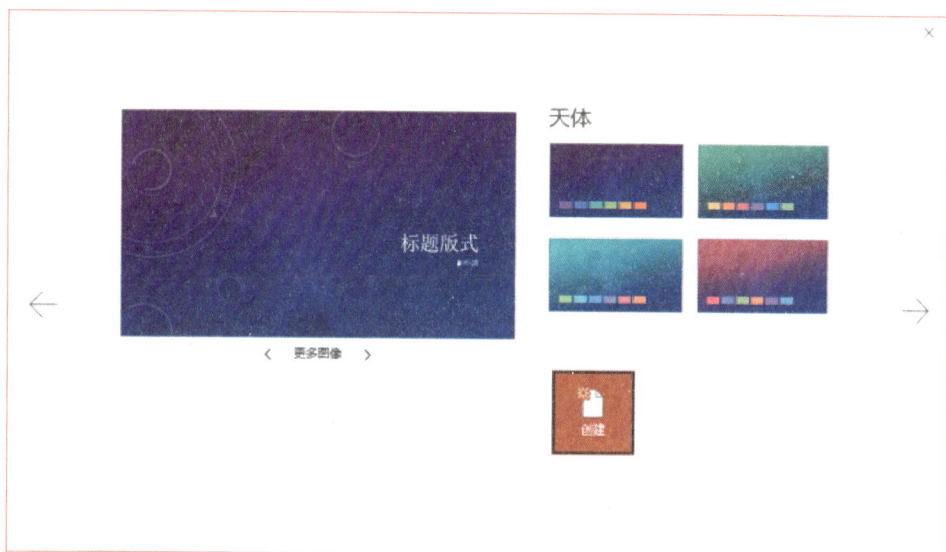

图 7-8 创建模板

步骤 7 即可从主题模板中选择需要创建主题模板的演示文稿，如图 7-9 所示。

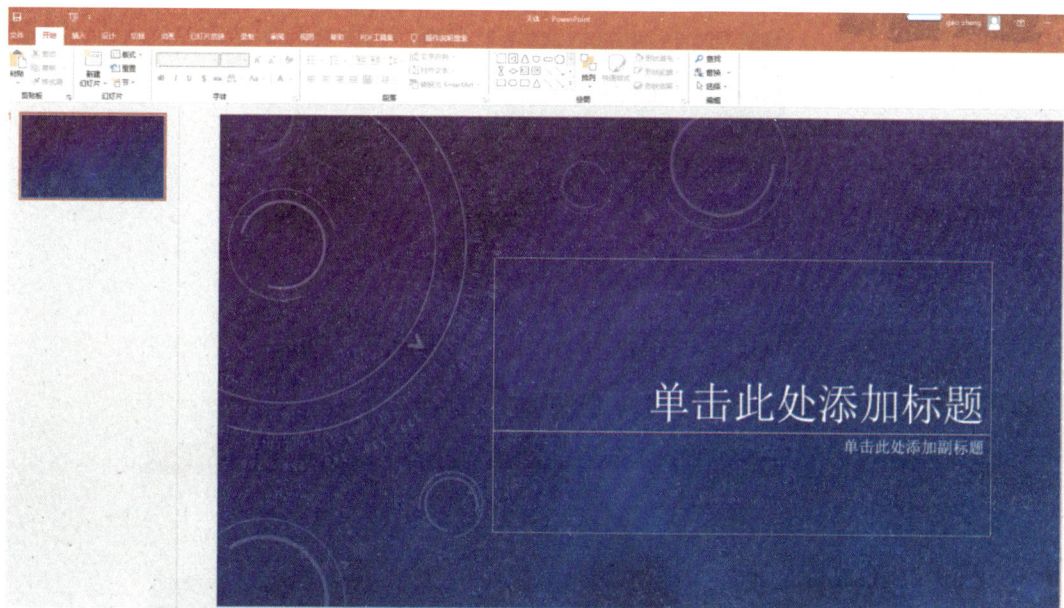

图 7-9 模板效果

（二）使用网络模板

除了使用上面介绍的免费的内置模板外，还可以使用 https://www.Office.com/ 提供的免费网络模板。

使用网络模板的具体操作步骤如下。

步骤 1 在打开的演示文稿中单击【文件】选项卡，从弹出的菜单中选择【新建】选项，可在【新建】下方看到【搜索】区域的选项，如图 7-10 所示。

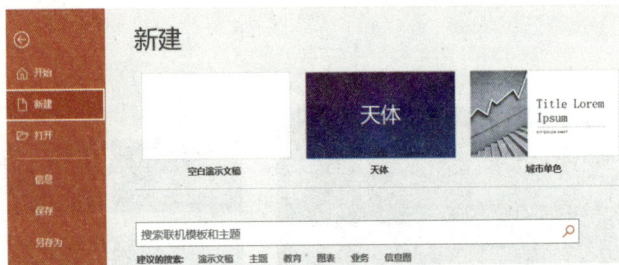

图 7-10　搜索模板

步骤2　在搜索框中输入需要的模板类型即可联机搜索相关模板和主题，例如，本例输入"教育"，单击【搜索】按钮后即可搜索教育类相关模板和主题，如图 7-11 所示。

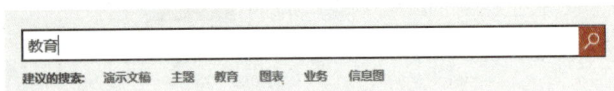

图 7-11　输入关键词

步骤3　选择需要的模板，并单击【创建】按钮，即可下载该模板，如图 7-12 所示。

图 7-12　选择模板

步骤4　应用模板后的结果如图 7-13 所示。

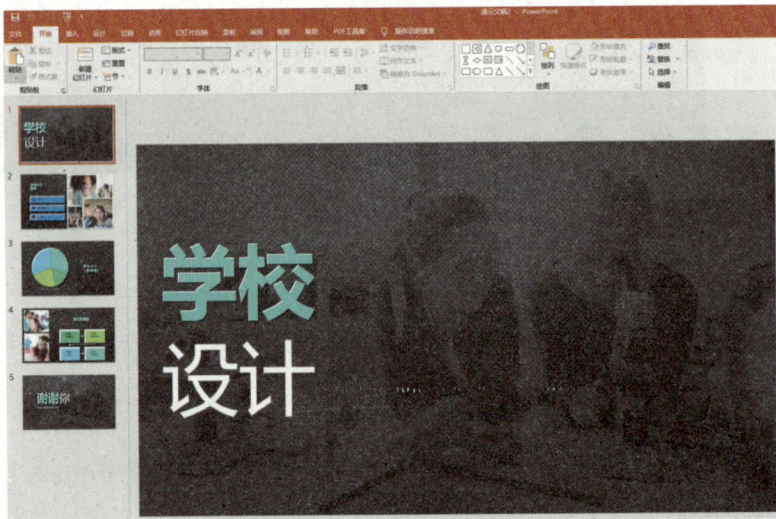

图 7-13　模板效果

(三)自定义模板

为了使幻灯片更加美观,用户除了使用PowerPoint自带的背景样式和配色方案外,还可以通过自定义的方法定制专用的主题效果。

设定完专用的主题效果后,可以单击【设计】选项卡【主题】组右侧的小按钮,在弹出的下拉菜单中选择【保存当前主题】选项。如图7-14所示,保存的主题效果可以多次引用。

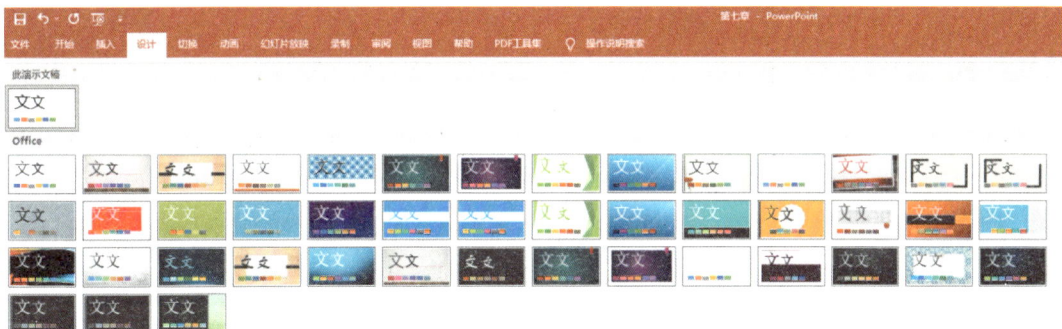

图7-14 选择主题效果

PowerPoint中自带了一些字体样式,根据不同的幻灯片,所需要的字体也不一样。如果在自带的字体中找不到需要的字体,用户可以自定义别的字体效果以方便将来再次使用。

步骤1 单击【设计】选项卡【变体】组中的【其他】按钮,在弹出的下拉列表中选择【字体】→【自定义字体】选项,如图7-15所示。

步骤2 弹出【新建主题字体】对话框后,可自行选择适当的字体效果。单击【保存】按钮,完成自定义字体的操作。

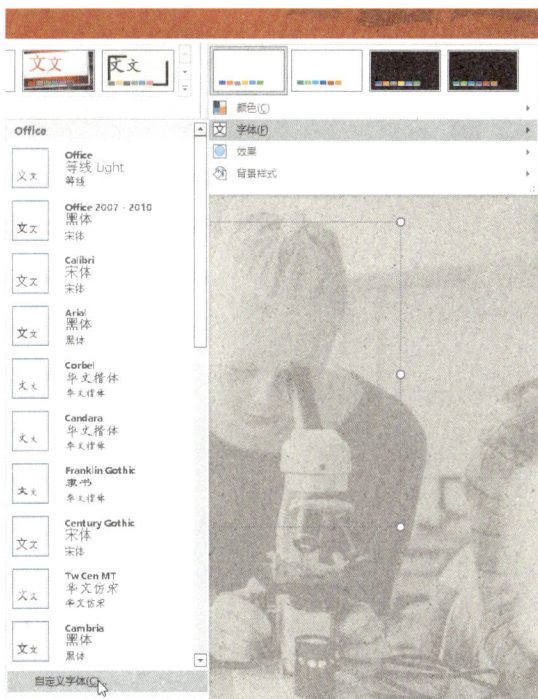

图7-15 选择字体

第二课 制作母版

一、应用母版

应用母版包括幻灯片母版视图、讲义母版视图和备注母版视图。它们是存储有关演示文稿信息的主要幻灯片，其中包括背景、颜色、字体、效果、占位符大小和位置。使用母版视图的一个主要优点在于在幻灯片母版、备注母版或讲义母版上可以对与演示文稿关联的每个幻灯片、备注页或讲义的样式进行全局更改。

（一）幻灯片母版视图

通过幻灯片母版视图可以制作演示文稿中的背景、颜色主题和动画等。利用幻灯片中的母版可以快速制作出多张具有特色的幻灯片。

1. 幻灯片母版

具体操作方法如下。

步骤 1　单击【视图】选项卡【母板视图】组中的【幻灯片母版】按钮，如图 7-16 所示。

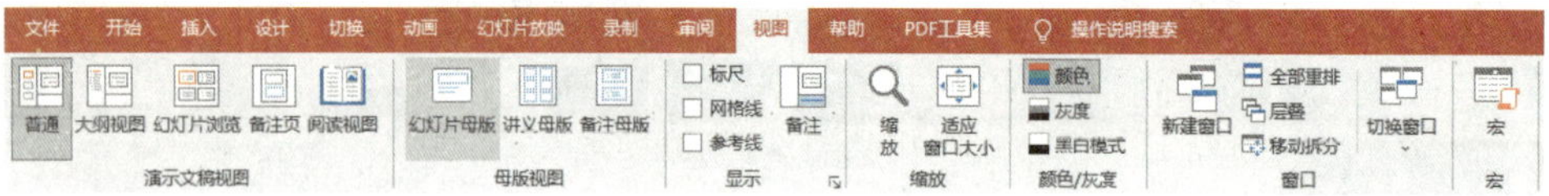

图 7-16　母版选项

步骤 2　在弹出的【幻灯片母版】选项卡中可以设置占位符的大小及位置、背景设计和幻灯片的方向等，如图 7-17 所示。

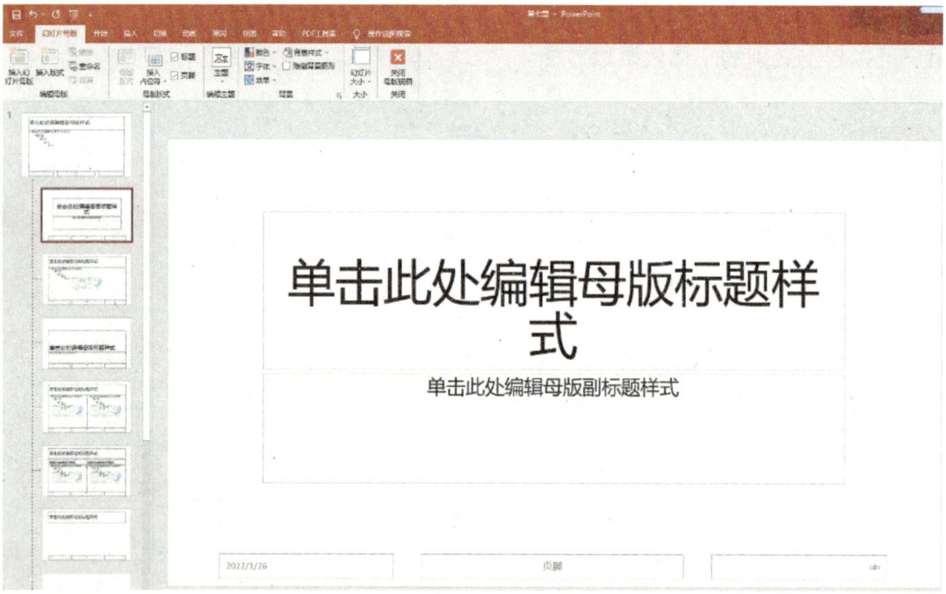

图 7-17　母版页面

步骤 3　设置完毕，单击【幻灯片母版】选项卡【关闭】组中的【关闭母版视图】按钮，如图 7-18 所示。

图 7-18　关闭母版视图

2. 设置母版背景

母版的背景可以设置为纯色、渐变或图片等效果。

具体操作方法如下。

步骤 1 单击【视图】选项卡【母板视图】组中的【幻灯片母版】按钮，如图 7-16 所示。

步骤 2 在【幻灯片母版】选项卡【背景】组中单击【背景样式】按钮。在弹出的下拉列表中选择合适的背景样式，如图 7-19 所示。

图 7-19 背景样式

步骤 3 单击合适的背景样式，即可应用于当前幻灯片上，如图 7-20 所示。

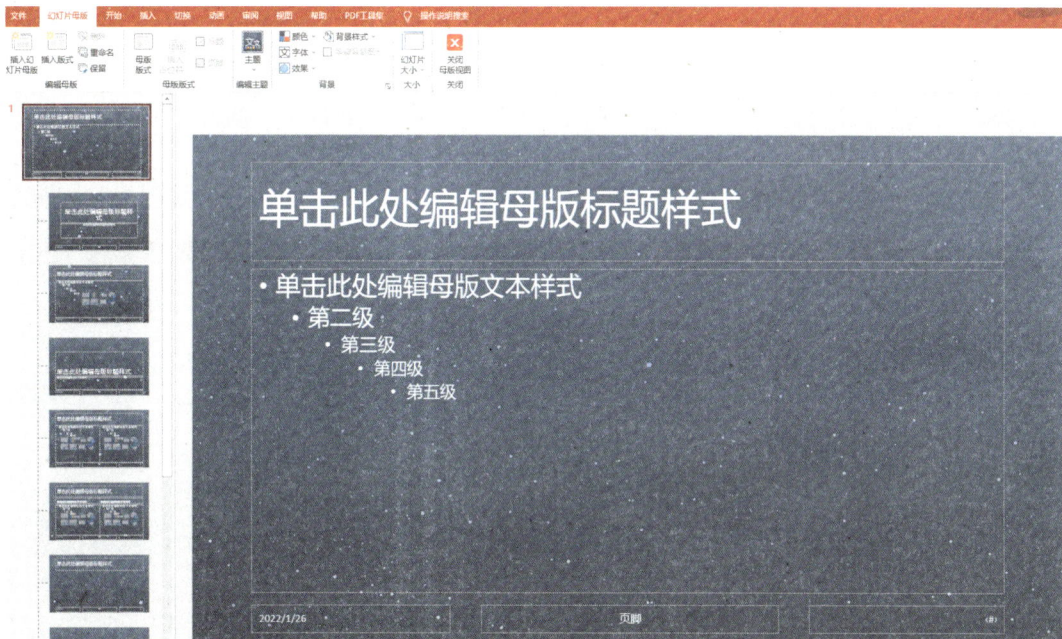

图 7-20 背景效果

母版在自定义时，其背景样式也可以设置为纯色填充、渐变填充、图片或纹理填充等效果。

3. 设置占位符

幻灯片母版包含文本占位符和页脚占位符。在母版中对占位符的位置、大小和字体等格式更改后，会自动应用于所有的幻灯片中。具体操作步骤如下。

步骤 1 单击【视图】选项卡【母板视图】组中的【幻灯片母版】按钮，如图 7-16 所示。

步骤 2 单击要更改的占位符，当四周出现小节点时，可拖动四周的任意一个节点更改大小，如图 7-21 所示。

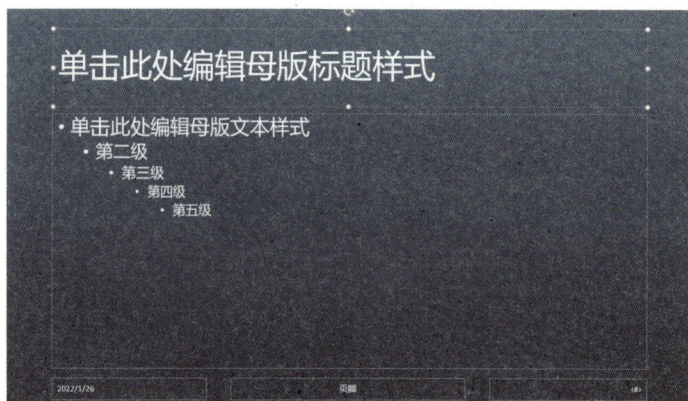

图 7-21　占位符

步骤 3　在【开始】选项卡【字体】组中可以对占位符中的文本进行字体样式、字号和颜色的设置。

步骤 4　在【开始】选项卡【段落】组中可对占位符中的文本进行对齐方式等设置。

设置幻灯片母版中的背景和占位符时，需要先选中母版视图下左侧的第 1 张幻灯片缩略图，然后再进行设置，这样才能一次性完成对演示文稿中的所有幻灯片的设置。

（二）讲义母版视图

讲义母版视图可以将多张幻灯片显示在一张幻灯片中，以用于打印输出，如图 7-22 所示。

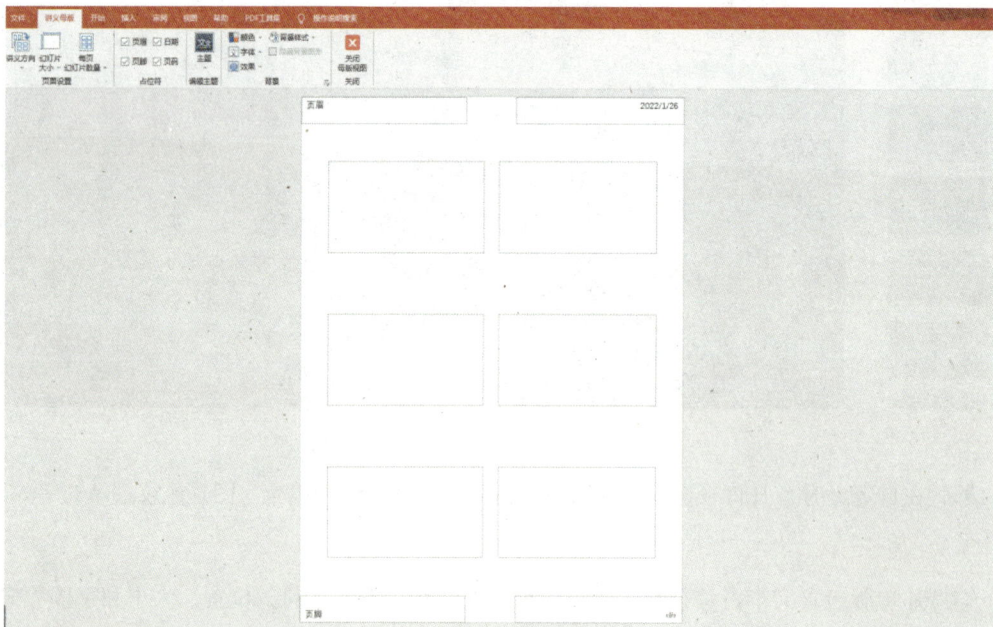

图 7-22　讲义母版

步骤 1　单击【视图】选项卡【母版视图】组中的【讲义母版】按钮。

步骤 2　单击【插入】选项卡【文本】组中的【页眉和页脚】按钮，如图 7-23 所示。

步骤 3　在弹出的【页眉和页脚】对话框中单击【备注和讲义】选项卡，为当前讲义母版添加页眉和页脚效果。选中【备注和讲义】选项中的【日期和时间】复选框，也可以选中【自动更新】单选按钮，页脚显示的日期将会自动与系统的时间保持一致。如果选中【固定】单选按钮，则不会根据系统时间变化。设置完成后单击【全部应用】按钮，如图 7-24 所示。

图 7-23　页眉页脚　　　　　　　　　　　图 7-24　设置页眉页脚

步骤 4　新添加的页眉和页脚将显示在编辑窗口上，如图 7-25 所示。

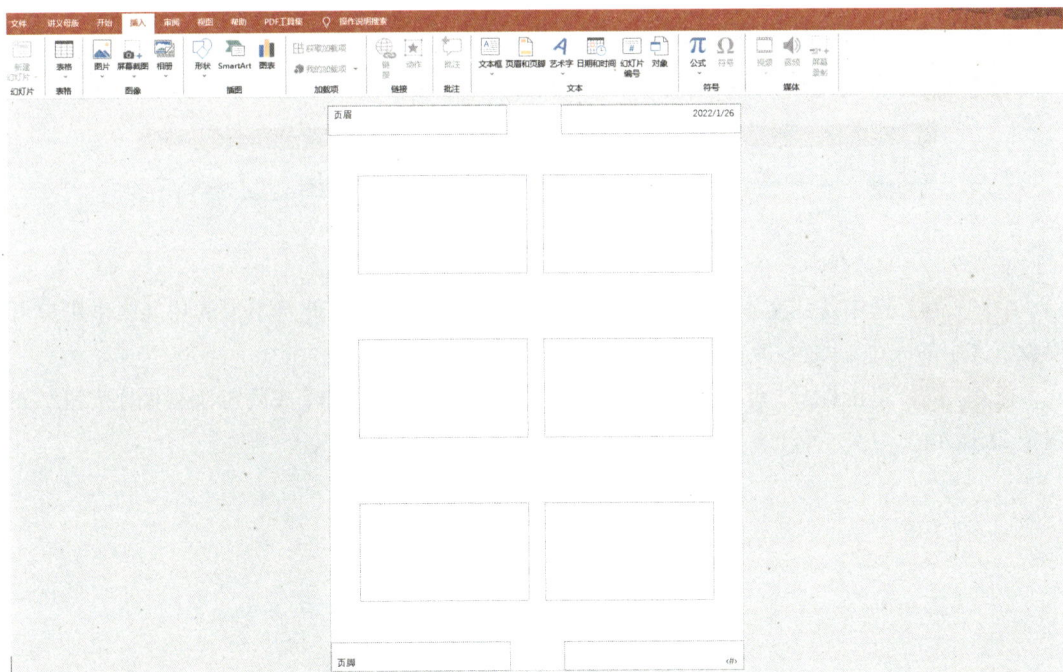

图 7-25　效果显示

（三）备注母版视图

备注母版视图主要用于显示用户在幻灯片中的备注，可以是图片、图表或表格等，如

图 7-26 所示。

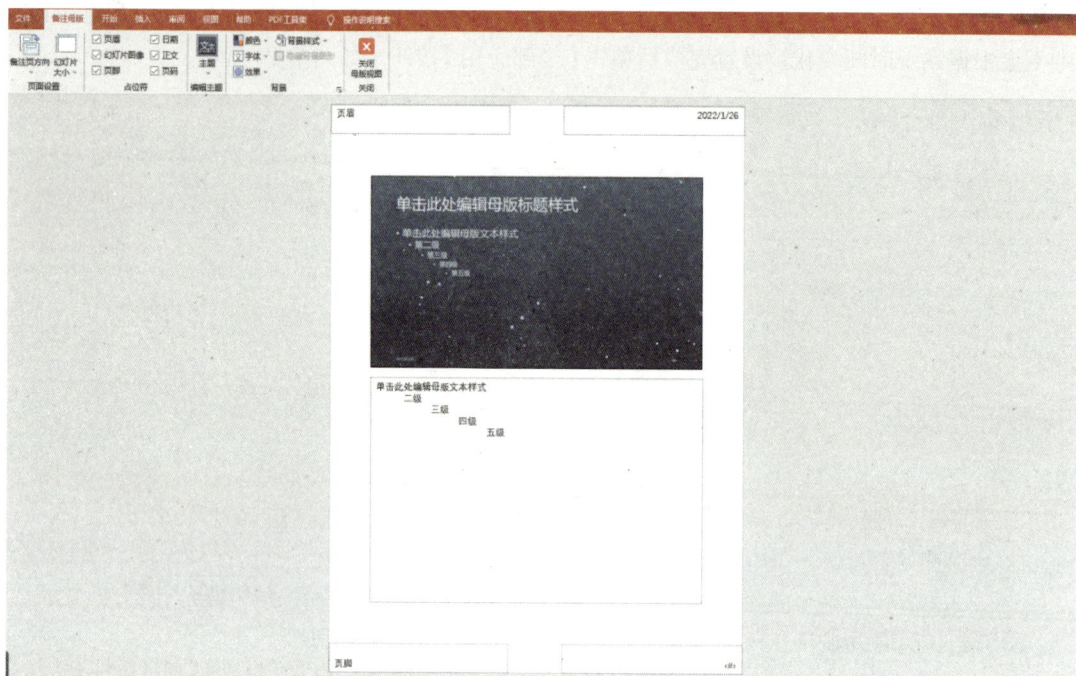

图 7-26　样例页面

设置备注母版的具体操作步骤如下。

步骤 1　单击【视图】选项卡【母版视图】组中的【备注母版】按钮，如图 7-27 所示。

图 7-27　选择母版

步骤 2　选中备注文本区的文本，单击【开始】选项卡，在此选项卡的功能区中用户可以设置文字的大小、颜色和字体等。

步骤 3　单击【备注母版】选项卡，在弹出的功能区中单击【关闭母版视图】按钮，如图 7-28 所示。

图 7-28　关闭母版

步骤 4　返回普通视图，在【备注】窗格中输入要备注的内容，如图 7-29 所示。

图 7-29　输入备注

步骤5　输入完毕，然后单击【视图】选项卡【演示文稿视图】组中的【备注页】按钮，查看备注的内容及格式，如图 7-30 所示。

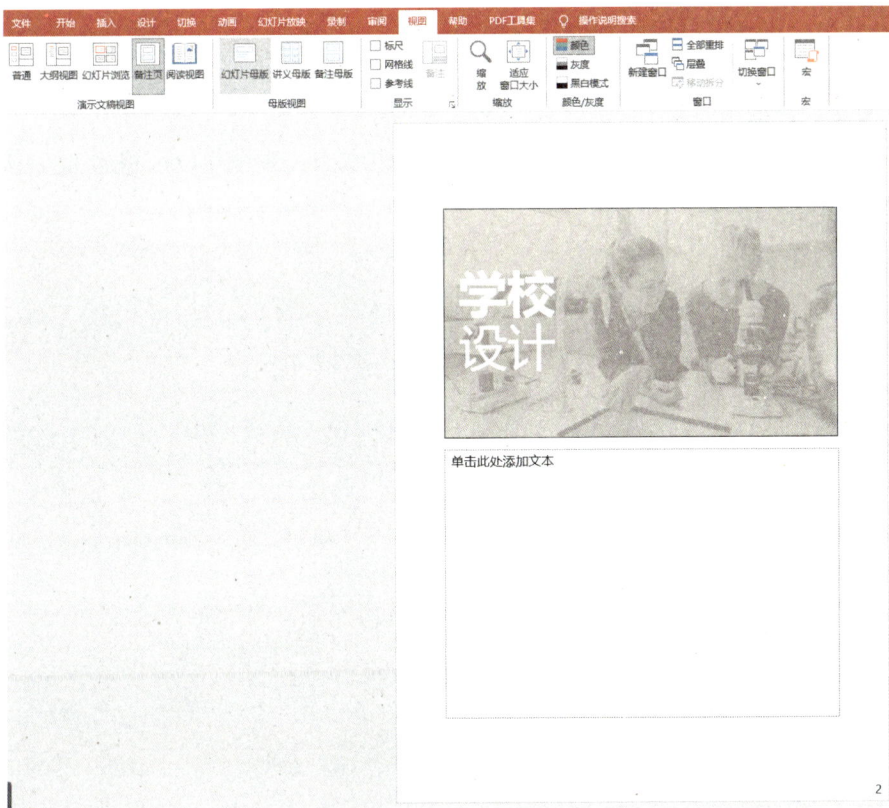

图 7-30　备注效果

第三课　项目实例

为PPT"开学第一课"制作母版。

步骤1　单击【视图】选项卡【母板视图】组中的【幻灯片母版】按钮，

步骤2　在弹出的【幻灯片母版】选项卡中可以设置占位符的大小及位置、背景设计和幻灯片的方向等。

选择素材中的背景图片，并添加边框，更改为如图7-31所示。

图7-31　更改背景

步骤3　添加一个图片作为标志放入模板。选中文件夹中图片（png格式），直接拖入打开的PPT页面区域，摆放位置如图7-32所示。

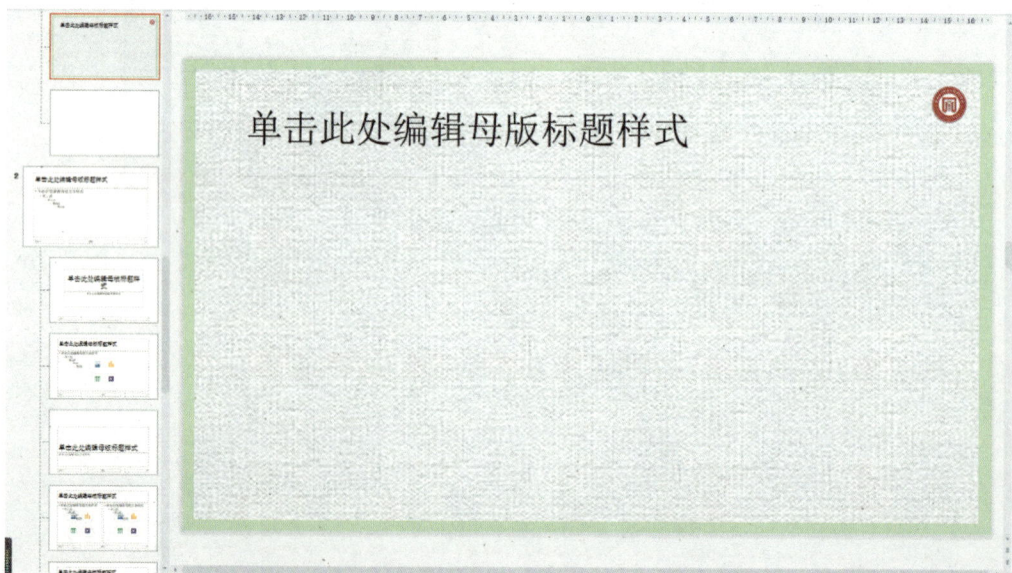

图7-32　添加图片

步骤4 在【幻灯片母版】选项卡【背景】组中单击【背景样式】按钮。在弹出的下拉列表中选择合适的背景样式，如图7-33所示。

图7-33 背景样式

步骤5 （选做）单击合适的背景样式，即可应用于当前幻灯片上。这里我们选择的是一个格子素材的背景，如图7-34所示。

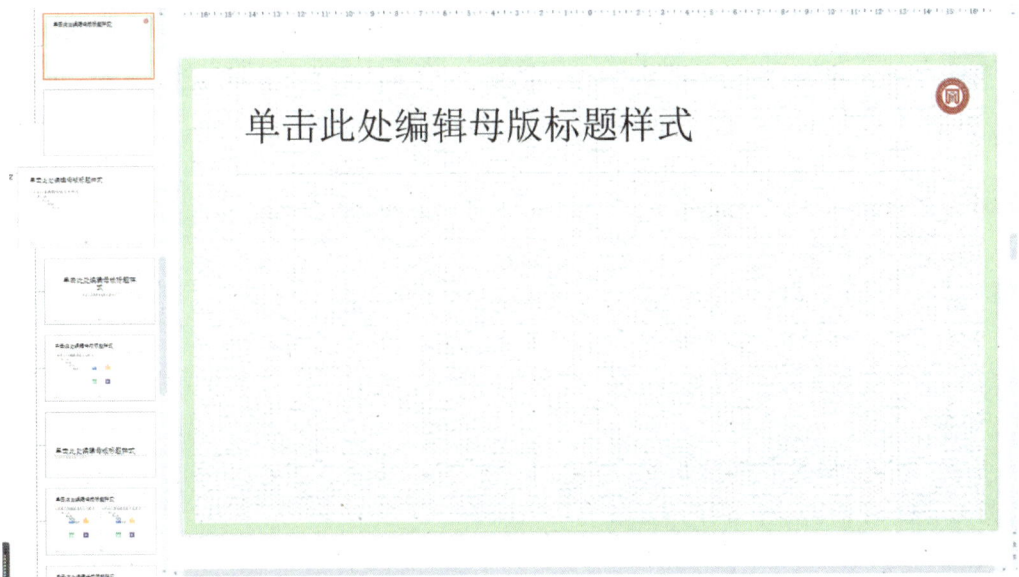

图7-34 选择样式

母版在自定义时，其背景样式也可以设置为纯色填充、渐变填充、图片或纹理填充等效果。

步骤6 在【开始】选项卡【字体】组中可以对占位符中的文本进行字体样式、字号和颜色的设置。这里我们分别选择了微软雅黑，小四（标题），五号（文本），白色（标题），深灰色（文本），如图7-35所示。

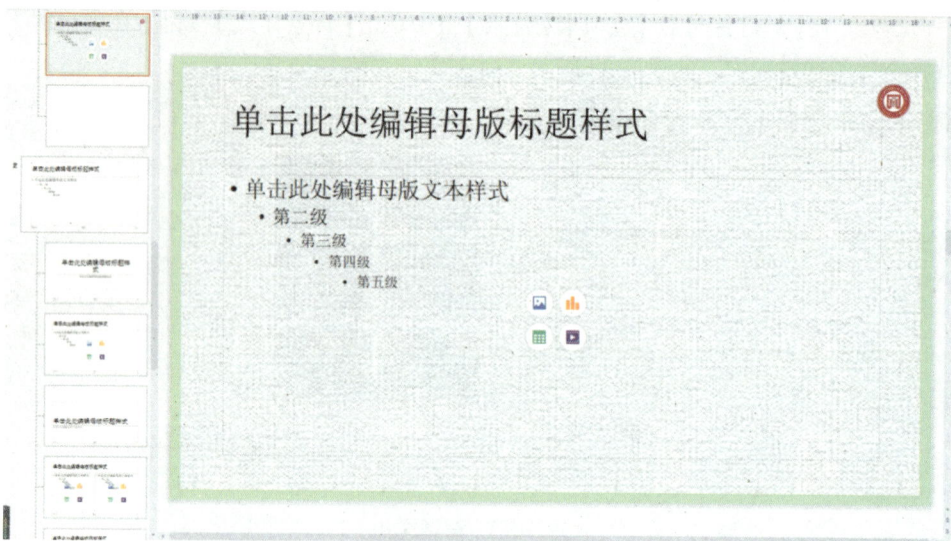

图 7-35　设置字体

> **步骤 7**　单击【视图】选项卡【母版视图】组中的【讲义母版】按钮，如图 7-36 所示。

图 7-36　讲义母版

> **步骤 8**　单击【插入】选项卡【文本】组中的【页眉和页脚】按钮。

> **步骤 9**　在弹出的【页眉和页脚】对话框中单击【备注和讲义】选项卡，为当前讲义母版添加页眉和页脚效果。设置完成后单击【全部应用】按钮，如图 7-37 所示。

打开【页眉和页脚】对话框，选中【幻灯片】选项中的【日期和时间】复选框，也可以选中【自动更新】单选按钮，页脚显示的日期将会自动与系统的时间保持一致。如果选中【固定】单选按钮，则不会根据系统时间而变化。

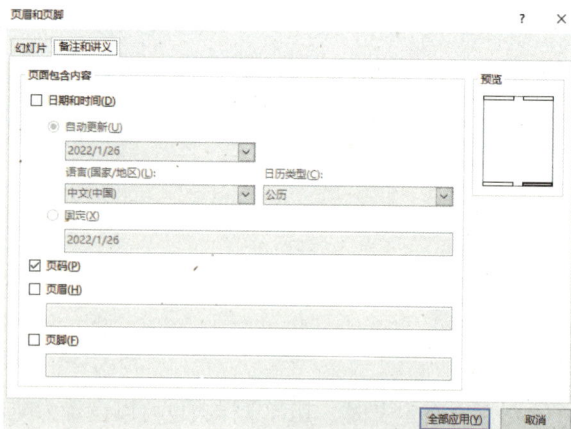

图 7-37　设置页眉页脚

> **步骤 10**　新添加的页眉页和脚将显示在编辑窗口上。

> **步骤 11**　单击【视图】选项卡【母版视图】组中的【备注母版】按钮。

> **步骤 12**　返回普通视图，在【备注】窗格中输入要备注的内容。

> **步骤 13**　输入完毕，然后单击【视图】选项卡【演示文稿视图】组中的【备注页】按钮，查看备注的内容及格式。

> **步骤 14**　设置完毕，单击【幻灯片母版】选项卡【关闭】组中的【关闭母版视图】按钮。

第四课　项目拓展

本课主要介绍占位符的使用。

我们经常会遇到需要将一堆图片放在一个页面上面的情况。但是每张图片的大小不一，如果将每一张图片都裁剪到同样大小再排版是一个非常麻烦的方法。这时候我们可以借用母版的"插入占位符"功能。插入一个图片占位符，然后不断复制粘贴，以使其保持同样的大小。

步骤 1 进入幻灯片母版，然后单击【母版版式】组中的【插入占位符】按钮，如图 7-38 所示。

图 7-38　插入占位符

步骤 2 在页面拖出合适的大小，并复制多个，如图 7-39 所示。

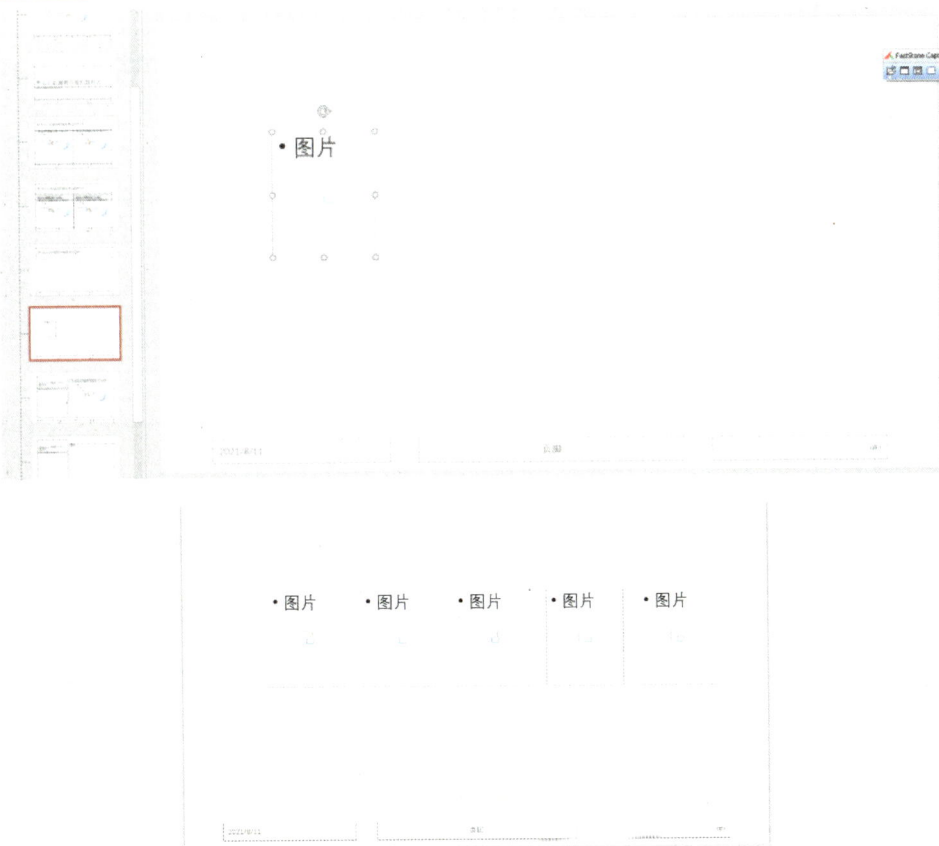

图 7-39　插入占位符

步骤 3 退出母版设计后，插入这个页面。只用单击这个图片占位符，选择照片即可。它会自动剪切图片，匹配占位符的大小。这样，不用一一剪切就可以轻松获得大小均一的美丽照片，如图 7-40 所示。

图 7-40　插入图片

微实践

一、填空题

1. 在 PowerPoint 2016 中，应用版式和母版的区别是_____包括了_____。

2. 在母版设置中，【主母版】和【子母版】的关系是：_____影响_____的显示效果，_____中的元素_____无法编辑。

3. 在设置页眉页脚的时间时，打开【页眉和页脚】对话框，选中【备注和讲义】选项中的【日期和时间】复选框，也可以选中_____单选按钮，页脚显示的日期将会自动与系统的时间保持一致。如果选中_____单选按钮，则不会根据系统时间变化。

二、综合实训题

自定义制作一套课件的母版，要求每一页都带有页脚（显示时间），而且每一页的标题栏位置和模式一样，并包含版式如下。

版式一：大背景为图片，文字浮在图片上方；版式二：左边图片，右边介绍性文字（竖排），如图 7-41 所示。

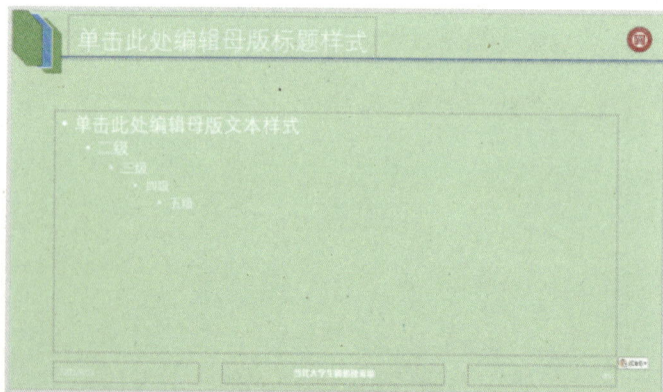

（a）

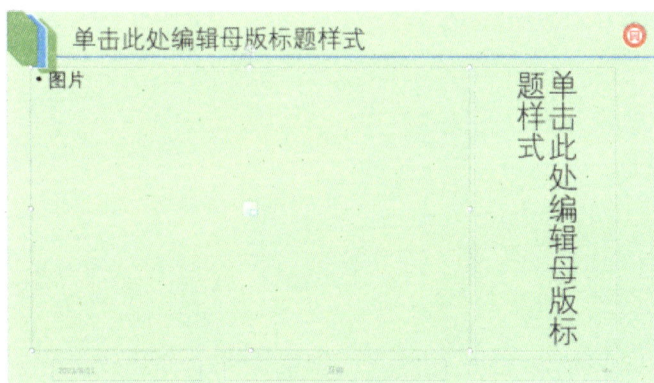

（b）

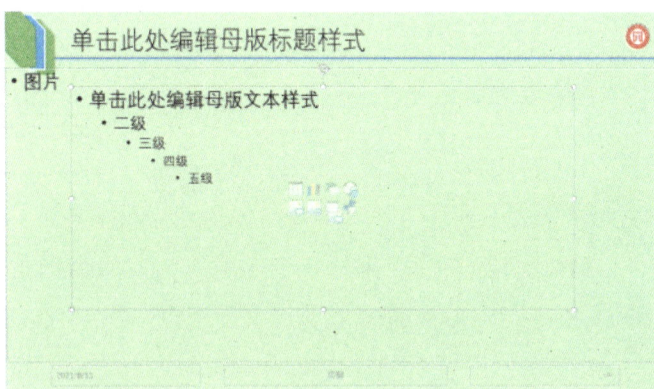

（c）

图7-41 样例页面

扫一扫 学一学

基础学科
课件制作

本章主要介绍语文课件、数学课件及幼儿课件的特点和制作注意事项，并分别通过实例演示不同课程和不同学龄的课件的不同制作效果。语文是基础教育的核心学科，是学习其他学科的基础，优质的小学语文课件可为学生创设良好的学习情境，充分调动学生的学习兴趣和积极性。数学是基础教育的重要支柱学科之一，可为以后的课程和日常生活中的计算打下良好的基础，使用小学数学课件可将教学过程中比较抽象、难以理解的内容，通过图片、视频、动画等方式进行演示。幼儿教育是基础教育的奠基，影响着幼儿成长、认知、情感、性格等方面的发展。幼儿园课件可增加幼儿接触和学习知识的兴趣，发散幼儿的形象思维。

学习目标

- 了解语文、数学、幼儿教育的概念及特点
- 了解语文、数学、幼儿教育课件的作用和要求
- 掌握设计和制作数学、语文、幼儿教育课件的方法
- 能够实际设计和制作语文、数学、幼儿教育课件

课程思政目标

通过各学科的综合实训，学生可深刻理解并自觉实践各学科的学科精神和学科规范，增强职业责任感，培养遵纪守法、爱岗敬业、无私奉献、诚实守信、公道办事、开拓创新的品格和行为习惯。

- 围绕语文课件中所具有的许多素质教育的素材，包括古人的故事、今人的事迹等，开展教育教学活动，能够在"润物细无声"中有效促进学生形成正确的思想观念。
- 在数学课件中，引导学生思索各种自然现象、社会现象，破除数学的神秘感，用数学逻辑思维来解释世界，培养学生运用马克思主义的世界观和方法论。
- 对幼教课件中的选材要着重相关的思政元素进行有机渗透，潜移默化地对幼儿进行情感教育和价值引领。

第一课　语文课件制作

本课介绍设计和制作小学语文课件的要素。在设计多媒体课件时，教师要把教学内容和自己搜集到的材料通过合理的安排、精心的设计整合起来。设计出一个完整的多媒体课件，收集与教学内容相关的资料和素材；拟出一个课件模板，将资料和教学内容有机结合，构想出一个大体的纲目；制作课件。

一、收集资料素材

教师可以在课前有目的地去收集要制作课文课件所需的相关资料，包括图片资料、音频资料、视频资料等。可以通过网络搜索引擎搜集，也可以自己拍摄和录制。

图形、图像等画面设计要尽可能大，整体构图要合理，主要内容应处在屏幕的视觉中心，便于学生观察。复杂图像要逐步显示，突出以便于教师讲解。应随着教师讲解，分步显示图片，直到最后显示出全图。

文字容应尽量简明扼要，以提纲式为主，不宜采用大篇幅的文字，以免引起学生的视觉疲劳。也可以加入一些动画、艺术效果，提高学生的兴趣。

二、构思课件

课件的制作核心是构思，这是决定多媒体课件成功与否的关键。在语文教学课件的制作中，应注意综合运用图像、文字、声音、动画、影片等多种媒体形式，通过声音、文字、图像的交互使用，学生的课堂行为由单纯的听、看，转化为听、看、做，进一步的想。这样，教师就能很好地结合教材内容，利用媒体的功能，引导学生学习、思考，从而达到预期的学习目的。如何在进行《索溪峪的野》一课的教学时，围绕山水之美，可设计一个多媒体课件将学生带入情境之中。

（1）动画突出。用动画技术突出索溪峪在地图上的位置。

（2）图片展示。用一些索溪峪景色的照片进行展示、讲解，点出索溪峪在世界旅游胜地中所具有的独特的美和"野"。

（3）适时播放一段视频。索溪峪景区具有特殊地貌，可以借助从上往下俯拍的视频，把学生引入山清水秀的情境之中。这样的构思，一上课就渲染了课堂气氛，拉近了学生与课文的距离。制作的课件不仅内容要正确、实用、科学，而且还要构图清晰匀称、色彩逼真、排列适当。手法上，不能单纯地模仿而应有所创新。因为思想性与艺术性和谐统一的课件才能给人以赏心悦目之感。

三、创设情境，激发学生的学习兴趣

陶行知先生说过：学生有了兴趣，就会用全部精神去做事，学与乐不可分。

兴趣是由外界事物的刺激而引起的一种情绪状态，它是学生学习的主要动力。

针对小学生的注意状态很容易被新颖的活动刺激而兴奋起来这些特点，以教学的直观性和形象性激发学生学习的兴趣，引起学生对知识强烈的渴求。根据小学生爱新鲜、好奇心强的特

点，教师在教学中应充分利用多媒体课件所特有的鲜明色彩、生动形象、声像同步等优势，尽量设计一些让学生觉得新鲜、有趣的环节，把静止的事物变成活动的事物，把抽象的知识形象化。从而刺激学生的视觉，吸引学生的注意力。

如在导入《草原》新课时，教师可以设计这样的导语：

"同学们，你们去过草原吗？ 蓝天、白云、小羊、奶牛，歌的故乡，奶的摇篮，这就是草原。让我们踏着悦耳的歌声一起走进美丽的蒙古草原！"

这时大屏幕上出现美丽的大草原大幅画面，并在下方缓慢滚动几幅具有蒙古风情的画面，同时响起《美丽的草原我的家》背景音乐。学生欣赏着蓝天、白云下一望无际的草原，聆听着优美旋律，初读课文，很好地进入了情境，激发了情感。

四、充分感知，突破教学的重点难点

学生的认识遵循"具体→抽象→具体"的发展规律，而多媒体以其提供信息的形象、丰富，让学生充分感知。学习的过程涉及学习主体知、情、意、行等方面因素，而计算机辅助教学则可以其声、光、电、色的多种作用，并通过其信息的动态演示，刺激多种感官，引导学习过程，可以说是学生最易接受的途径。

《草原》这篇课文记叙了作者老舍先生第一次访问内蒙古草原看到的美丽景色及受到蒙古族同胞热情欢迎的情景。因地域原因，学生对草原的认识不足。教师在教学过程中通过图片、录像向学生展示草原景色的优美、蒙古族人民的热情好客及蒙古族特有的风俗习惯，可以帮助学生理解课文意境，为想象插上翅膀。例如，作者在课文中描写草原的辽阔、开车的洒脱，襟飘带舞远迎客人的蒙古族人民的待客礼节，蒙古舞蹈、摔跤、射箭等场景。通过多媒体课件的演示，学生可充分感知作者所描写的境界，产生共鸣，从而突破教学的难点。

五、巧用现代信息技术，优化课堂的教学结构

课件的操作要尽量简便、灵活、可靠，便于教师和学生控制。课件展示的画面应符合学生的视觉心理。 画面的布局要突出重点，同一画面对象不易多，以避免或减少引起学生注意的无益信息干扰。 注意动物与静物的色彩对比，前景与背景的色彩对比，线条的粗细，字符的大小，以保证学生都能充分感知对象。避免多余动作、减少文字显示数量，优秀的板书、过多的文字阅读不但容易使人疲劳，而且干扰学生的感知。

一个课件的展示不但要取得良好的教学效果（突出重点，突破难点，激发兴趣，辅助教学），而且要赏心悦目，让学生获得美的享受，美又能进一步激发学生的学习兴趣。因此，课件制作应体现内容与形式的统一，即课件的内容必须具有科学性，而且色彩柔和、搭配合理，与文章融为一体。多媒体技术的运用在教与学之间架起一座科学的桥梁，发挥语言教学所不能替代的作用。合理恰当地运用多媒体教学，能够尊重和发展学生的主体意识和主动精神，发挥受教育者的自主性、能动性和创造性；能够培养学生的学习兴趣，提高课堂教学实效，帮助教师更好地完成教学任务。

不同的教学媒体有其各自的特点，多媒体技术也有其长处和短处，因此在教学过程中，要注意根据教材和学生情况采用不同教学手段，优势互补，才能收到事半功倍的教学效果。信息

技术与课程整合正在成为基础教育课程改革的热点。充分发挥远程教育教学资源的作用，提高小学语文课堂效率已成为教学研究的重要课题，课件是这一研究最直接、最常用的方式之一。

然而很多课件仅在示范课、公开课、教研课等使用，或只是简单地充当演示工具，充当小黑板或挂图，课件的交互性、针对性、拓展性等不强；或盲目跟风，为课件而课件；或从网络上下载后直接使用，没能结合实际情况进行一些修改，没有真正在日常的课堂教学中融入整合的理念，不能做到教师、学生、教材与课件融为一体。

第二课　数学课件制作

小学数学在人们的印象当中是一些比较基础的内容，此类内容是课本编辑人员经过一定的教学法加工处理，将特别抽象的数学知识转化为适合小学生学习的，且具有一定形象化的数学知识。总的来说，编写过的教程既保留了数学的高度抽象性和逻辑的严密性，又能够生动形象地表现出来。基于此，我们认为抽象与形象的统一是小学数学最基本的特征，在小学数学学习内容中，抽象与形象的统一比其他学科知识更加突出和强大。本课介绍设计和制作小学数学课件的要素。

一、应追求实用，服务教学目标

在数学教学中，一般都可以实施多媒体辅助教学，对于课程内容比较抽象、难以理解、教师用语言不易描述、需要学习者反复练习、现实中不易动态演示的内容等，在条件允许的情况下都有必要实施课件辅助教学。

进行课件制作时，要深入分析利用课件辅助教学所能达到的目标，应符合教学目标的要求。特别要注意发挥多媒体的特长，根据教学内容的特点，精心设计、制作多媒体素材，集图、文、声、象的综合表现功能，有效调动和发挥学生学习的积极性、主动性，提高学习效率。设计者必须事先规划好课件进程中的各个环节，在每个环节制定明确的目标细节，并使这些目标都能很好地为教学目标服务。只有这样才能发挥多媒体课件变抽象为直观、服务教学目标的目的。

二、课件内容要贴近学生生活、亲近认知心理

课程内容的选择要贴近学生的实际，有利于学生体验与理解、思考与探索。因此，一方面创设问题情境应贴近学生生活，另一方面情景要有使学生通过已有的生活经验探究新知识的作用。在教学中，多媒体课件可以为学生提供形象逼真、色彩鲜明的画面，使学生体会生活情景的再现，促进学生积极主动地参与探究新知。

例如，教学"年、月、日"时，教师可以用多媒体课件显示出色彩鲜艳的太阳、月亮、地球三颗星球运行的规律，通过生动、形象的动画把学生带进奇妙的宇宙，使其感知年、月、日的来历；同时，学生会对年、月、日是怎样形成的以及它们之间有什么关系产生疑问，产生探究新知的心理。

三、课件内容要突出重点、分散难点

数学学科与其他学科有着本质的区别，其逻辑思维很强，特别是几何及概念课含有大量的图形、图标。运用计算机辅助教学，可以让学生直观形象地看到知识的形成过程，建立空间想象能力，突破教学难点。多媒体课件拥有声、光、色等优势资源，借助信息技术展示事物的运动变化过程，能起到突出重点、分散难点的作用。

例如，在教学"长方形、正方形面积"时，利用多媒体课件演示在长方形和正方形上摆边长为1厘米的小正方形，通过数小正方形的个数知道长方形、正方形的面积，从而推导出长方形、正方形的面积公式；在教学"不规则图形的面积"计算时，遇到平移、旋转等现象，利用课件的动画效果，展示其变换过程，让学生在直观的感受中建立空间观念变得更容易，比演示和空洞地讲解效果要好许多；在教学"直线向两端无限延伸，射线向一端无限延伸"这一知识点时，用直尺画则无法展示其无限长的特点，而利用多媒体课件展示其延长过程、展示其无限长则可以表现得更加淋漓尽致，起到很好的效果；在教学"圆的面积"一课时，在学生猜想、操作之后，用多媒体课件直接展示将圆平均分成若干个扇形，然后再拼接组合成一个近似的长方形，并让学生清楚地看到，随着平均分的份数越多，拼出的图形更接近长方形，由此也渗透了数学的"极限"思想，顺利突破难点。

可见，在课件设计、制作和运用之前，针对教学目标，首先要考虑的是知识的重点和难点，以及如何利用计算机辅助教学的直观性来突破教学难点。

四、课件版面要和谐、统一，忌过于花哨、艳丽

好的课件应有利于学生的身心健康，在制作多媒体时要避免使用过多的手段，画面杂乱会给人以眼花缭乱、应接不暇之感；另外，背景色太深或太浅、字体太大或太小、线条太粗或太细，也都容易引起视觉疲劳。还有的教师因为不会正确操作，导致影视媒体亮度太强或太暗、视听媒体音量过高或过低、画面大小不适中、图像不清晰等，这些做法也会影响教学效果。

一般来说，我们在制作课件时，文字应尽量用宋体、黑体等常见的正规字体。特别是小学课件的文字字体应该与课本相统一。课件中的音乐要与教学内容密切相关，尽量不要使用广为流行的音乐或歌曲，避免注意力被分散。计算机上呈现的色彩与通过投影仪投射的色彩有很大的差距，在投射的过程中各种色彩的明度、纯度等特性值不断下降，这就造成了投射后的画面色彩模糊。因此，在制作中应在不破坏统一色调的基础上，尽量增加各种颜色的纯度、明度等，这样播放的时候就可以避免出现模糊不清的效果了。

五、重视PPT课件的超链接功能

PPT课件制作好以后，各幻灯片内容便以"线"性存在，教学过程中教师不易改变课件内容出现的先后顺序。而教学的过程是一个师生互动的过程，教师对于学生探究活动的时间具有不可控性，对教学进度的完全把握有时很难做到。可以把课件中巩固训练内容的幻灯片超链接

到尾部幻灯片，这样教师就能根据授课的进度，灵活机动地进行内容的取舍。

另外，有些教学内容结果多样化，在师生互动的探究活动中，每种结果呈现的概率均等，不能按照课件提前设置好的顺序呈现。利用超链接功能可以选择幻灯片呈现顺序，即把部分幻灯片呈现顺序的串联关系变成并联关系，从而增强操作过程的可控性。

例如，教学相遇问题、"甲车速度60千米/时，乙车速度80千米/时，两车分别从A、B两个城市相向而行，6小时后两车相距110千米，试计算A、B两个城市之间的距离是多少千米？"此题由于没有告诉两车是否相遇过，因此应分"相遇后相距110千米"和"相遇前相距110千米"两种情况去解决。在制作PPT课件时，可以把出示例题的幻灯片用两个超链接分别链接到两种解题过程的幻灯片中去，然后链接回出示例题的幻灯片。这种方法能改变学生必须按照老师预定思路解决问题的顺序，体现了学生学习的自主性。

第三课　项目实例

一、小学语文课件制作案例

下面，我们使用PowerPoint 2016制作一个小学语文课程的教学课件，以小学六年级的《国家机构》为例。

（一）分析教学设计

我们先来了解一下该课程的教学设计，对课件进行初步构思，见表8-1所示。

表8-1　案例教学设计

【教学目标】
1. 知识目标
（1）了解全国人民代表大会制度及其职权。
（2）明确国家机构的产生及其各自职权范围。
2. 能力目标
能够把学习到的知识运用到日常生活中来，能了解国家机关在维护人民当家做主中的作用。
3. 情感、态度与价值观目标
提高对国家机关的认识，增强人民当家作主的自豪感。
【课前准备】
学生课前完成《课前预习案》。准备课件、《课堂练习案》和《课后拓展训练案》。
【教学过程】
一、目标解读、预习反馈
1. 导出新课，解读《导学案》的学习目标：
（1）说说我们学校有哪些职能部门，都担负着哪些职责。
（2）活动园：看看哪些单位属于国家机构。
（3）今天我们就来学习第三单元的第一课《国家机构有哪些》。通过本课学习，同学们至少要达到以下两个目标：

①明确国家机构及其各自职权范围。

②能够结合案例分析国家机构的职权。

2.检查《课前预习案》的"预习自测"部分，学生汇报。

二、合作探究、交流展示

探究以下疑难问题：

1.我国各国家机关的主要职权是什么？

2.生活中经常与国家机关打交道的经历。

3.我们的日常生活能否离得开国家机关？

小组内合作，对于解决不了的问题，老师精讲点拨。

三、精讲点拨、学科建模

利用课件教学。

(一)学习"身边的国家机构"

1.课件出示第42页的活动园。交流：看看身边哪些单位属于国家机构。

2.过渡：各国家机构与我们的生活密切相关，让我们走近身边的国家机构，来进一步了解这些机构。(课件出示了解国家机构。)

3.课件出示第43页活动园。进一步了解所在地区的国家机构。

总结：总体了解国家机构的概念和基本构架。

(二)学习"国家机关的职权"

1.课件出示国家机构组织系统简表，了解不同类型的国家机关及其职责。

2.做一做第44页活动园，加强认识。

3.课件出示，进一步学习国家机构的权力机关——全国人民代表大会，了解它的四项权力。

4.课件出示，进一步学习国家机构的行政机关——人民政府及所属工作部门。

5.课件出示，进一步学习国家机构的监察机关——监察委员会，以及我国的司法机关——人民法院和人民检察院。

6.通过活动园，了解法院可以审理哪些类型的案件？

总结：学生通过学习，真正了解与我们的生活息息相关的国家机构有哪些，并且知道正是它们保障了我们的国家正常运转，以及宪法是规定国家机关职权的根本法律依据。

四、当堂训练、巩固新知

利用《课堂训练案》，当堂达标，巩固所学。

五、归纳总结、拓展提升

1.课堂小结：通过这节课的学习，你有哪些收获？

2.说说生活中我们与国家机关相互联系的具体事例。

3.分发《课后拓展训练案》，如果有时间就当堂完成一部分必做题。

教学反思

我们国家的正常运转是通过国家机构来实现的，每个人的日常生活都与国家机构密切相关，例如，去派出所办理身份证、到民政局登记结婚等。这些机构为我们的日常生活保驾护航。

作为六年级的学生，应通过本课的学习，明白身边各个国家机关的职责，积累生活常识。本课是后半学期的基础课，内容本身相对来说比较枯燥，但却是记忆的重点。在讲课的过程中，教师要抓住学生的注意力，列举身边的实例，将学生带入本课学习，便于学生理解。为了自然过渡到各个国家机构的职能，在思考后大胆将本节课的内容顺序进行了调整，将人民代表大会、人民政府、监察委员会、人民法院、人民检察院进行形象的大小排序，利用逻辑框架将这几个国家机构的重点内容划分条理，从身边实例引入职能的理解，调动了学生对本节课学习的积极性、主动性，让学生能够条理清晰地记忆，以保证记忆的牢固性，并为今后的学习扎实基础，培养良好学习习惯。同时，整个教学设计以问题探究的方式贯穿教学过程始终，以实现一节课的启发性、完整性。在启迪思路上，要适时地搭台子，竖梯子，低起点，密台阶，从而更好地锻炼学生的思维。在教学过程中，请学生回答问题也是一门艺术。学生回答问题积极性很高，但大多都是在同一个思路里绕不出去，答案没有新意，没有创造力。教师应该适时地引导思路，启迪学生，锻炼学生的探究力，也是为课堂教学注入活力，提高学生的积极性，营造良好的学习氛围。

但是，本课内容信息量过大，涉及内容对学生来说尤为陌生。因此要做到课前安排学生预习，让学生对国家机构有一个初步了解；授课时创设情景、设问，极力调动学生的兴趣，引导学生进行讨论、交流、归纳及易错点的比较，从而突破重难点，化整为零，便于学生学习吸收。

此外，对于国家机构各个职能的拓展、谈论程度还不是很够，教师仍需要加强自身的积累，多收集资料，善于观察，今后在教学设计的安排上还要不断学习，不断改进。

（二）制作课件脚本

通过上述的教学设计分析，将内容进行归纳整理，制作一份课件脚本。

（三）制作教学课件

设计好课件脚本后，即可根据脚本制作课件。

步骤 1　创立一个新的课件，并设定幻灯片母版，填充固定版式，如图 8-1 所示。

图 8-1　制定幻灯片母版

步骤 2　制作课件标题页面，为标题添加"阴影"和"倒影"效果；插入视频链接；插入动作按钮，并添加切换效果控制播放，如图 8-2 所示。

图 8-2　标题页面

步骤 3　制作问题提示页面，输入相关文字并插入图片，为重点文字更改文字效果，突出重点内容。添加自动进入动画效果，如图 8-3 所示。

图 8-3　问题提示页面

步骤 4　制作知识讲解页面，选择图片配文字介绍的合适版式，输入相关文字并插入图片，为重点文字更改文字效果，突出重点内容，添加单击进入和单击退出的动画效果，如图 8-4 所示。

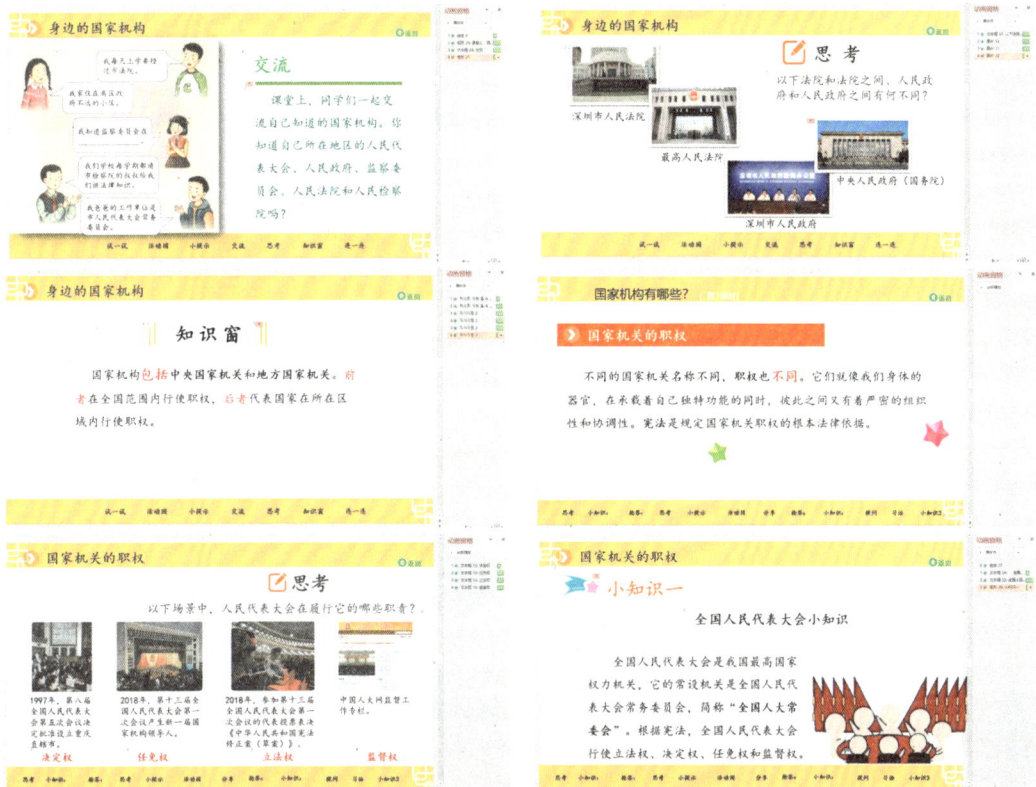

图 8-4　知识讲解页面

步骤5 制作知识拓展页面，选择图片配文字介绍的合适版式，输入相关文字并插入图片。添加重点内容凸显的动画效果，如图 8-5 所示。

图 8-5　知识拓展页面

步骤6 制作线性流程页面，选择图片配文字介绍的合适版式，输入相关文字并插入图片、合适的形状和超链接效果，实现单击鼠标可以在本课件中的相关页面之间来回切换。添加将线性流程内容按顺序自动进入的动画效果，如图 8-6 所示。

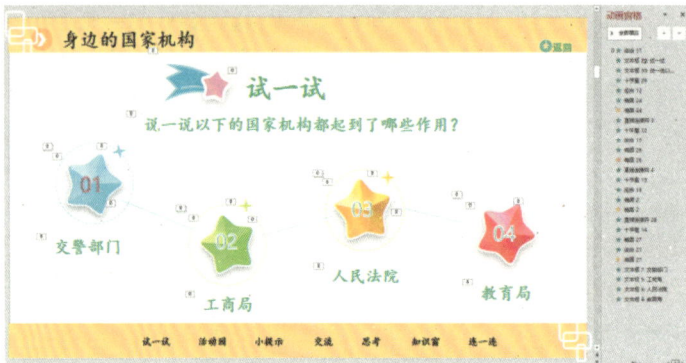

（a）

（b）

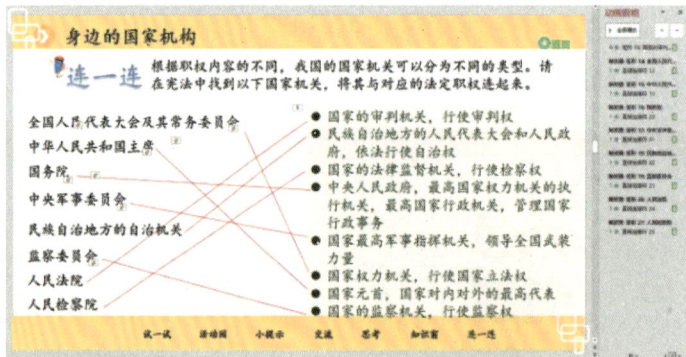

（c）

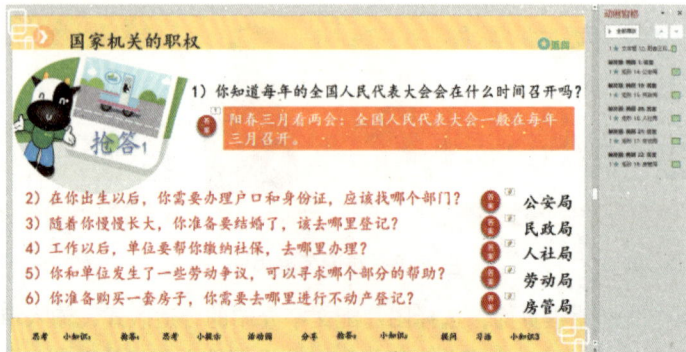

（d）

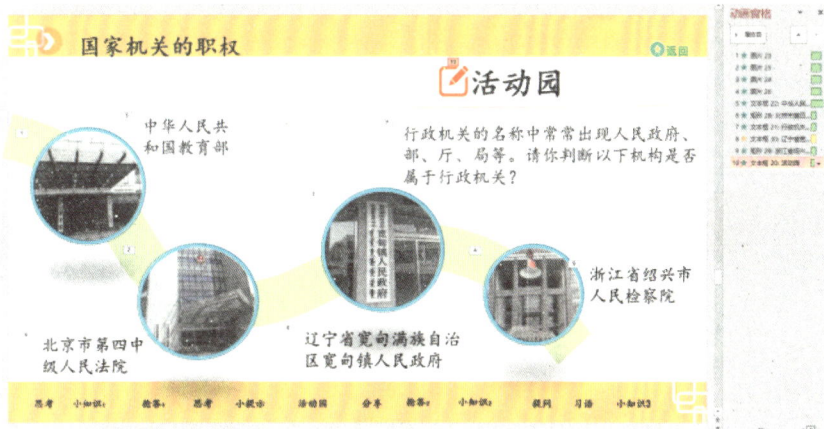

（e）

（f）

图 8-6　线性流程页面

步骤 7　制作试题问答页面，选择图片配文字介绍的合适版式，输入相关文字并插入图片。添加问题自动进入后单击鼠标显示答案的动画效果，如图 8-7 所示。

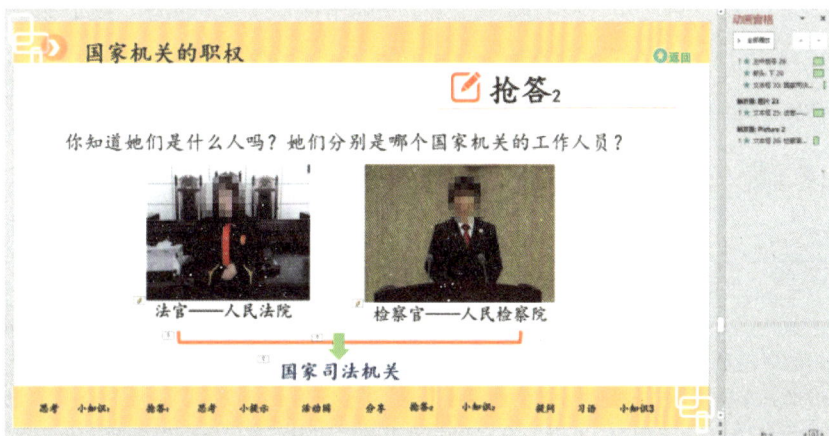

（a）

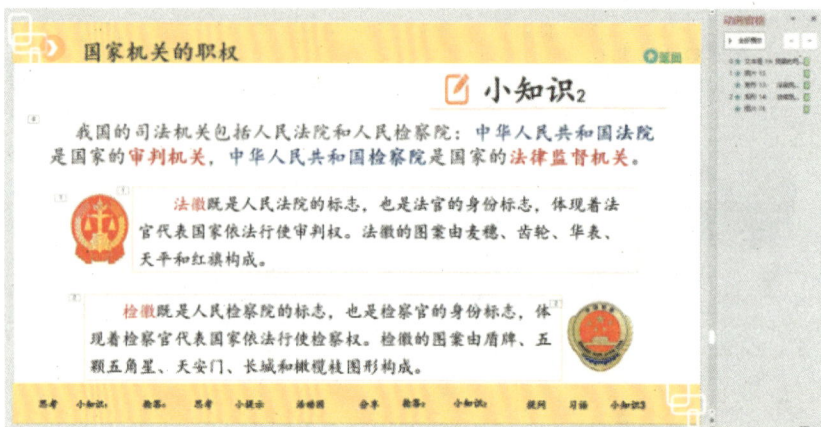

（b）

（c）

图 8-7　试题问答页面

二、小学数学课件制作案例

下面，我们使用PowerPoint 2016制作一个小学数学课程的教学课件，以小学六年级的《位置》为例。

（一）分析教学设计

我们先来了解一下该课程的教学设计，对课件进行初步分析，见表8-2。

表 8-2　案例教学设计

【教学目标】
　1.知识与技能
（1）能用数对表示具体情境中物体的位置，会在方格纸上用数对确定位置。
（2）通过形式多样的游戏与练习，让学生熟练掌握用数对确定位置的方法，发展其空间观念，使其初步体会到数形结合、一一对应的思想，提高学生运用所学知识解决实际问题的能力。

2.过程与方法

经历探索确定物体位置的方法的过程，让学生在学习的过程中发展空间观念。

3.情感态度与价值观

使学生感受确定位置的丰富现实情景，体会数学与日常生活的密切联系，并培养学生应用数学的意识。

【教学重点】

掌握用数对确定位置的方法。

【教学难点】

让学生初步体会一一对应、数形结合的思想。

【教学过程】

一、创设情境，导入新课

师指大屏幕：在浩瀚的宇宙中，跟踪确定飞行器的位置对于宇航员来说是一项非常重要的工作。

师：飞行器的位置为什么重要呢？大家想一想位置会影响到飞行器的什么地方？

二、探究新知

（一）认识数对（例1）

1.认识列行（课件出示班级座位图）

师：我们班有25个学生，猜猜看，谁要去看世博呢？（学生自由回答）

师：瞎猜可不行。我给你们一点提示吧。（师板书：2　3）可能是谁呢？你是怎么想的？

学生汇报，课件显示，并让学生说明自己数的方法和顺序。

师：同学们都由这两个数联想到了班级同学们的位置，很不错。在刚才的回答中，同学们描述位置的词都不同，数的顺序也不同，结果也不同。

问：怎样可以让大家一致确定他的位置呢？

学生分组讨论。（引导学生说出要有个统一的规定才行啊）

师：是啊，没有规矩不成方圆，咱们一起来听一听规定吧。

（课件播放话：同学们，为了我们在确定位置的时候语言达成一致，一般规定：竖排叫作列，横排叫作行。（课件出示座位示意图）确定第几列一般是从左往右数，确定第几行一般是从前往后数。（课件同步演示）

师：老师给的提示完整地说应该是第2列、第3行（补充板书）。有了统一的规定，你们现在能确定到底是哪位同学吗？（课件演示）

师：你们能确定小花的位置吗？

学生回答，师板书：第3列、第2行。

2.认识数对

师：请同学们在作业纸上写出小华和小磊的位置。（一人板演）

师：有了列和行的规定，咱们确定位置就准确了。只是写起来有点麻烦，有没有更简洁的方法呢？（学生回答）

师：刚才我们在确定位置时用了几个数据？（生：2个，列和行）那我们就可以用2个数组成数对来表示出一个确定的位置。（板书：数对）在用数对表示位置时，一般先表示第几列，再表示第几行。可是这样写就可以表示位置了吗？怎么办呢？（引导学生说出要用括号把列数和行数括起来，并在列数和行数之间写个逗号，把两个数隔开。）（板书）这个数对表示的是什么位置呢？（生：第2列、第3行）那么第3列、第2行应该写作（3，2）。请学生用数对写出刚才另外两名同学的位置，一人板演。

3.联系班级同学的位置

师:咱们班级同学的位置怎么确定呢?

请一生上前,带领同学一起数数班级的列和行。

师:谁来确定一下自己的位置? 指名两人回答后,请所有学生同桌互说。

4.游戏巩固新知

师:我们来做个找朋友的游戏吧! 老师问你的朋友在哪里,你要说出你的好朋友的位置哦。这样,请你们自己找一找、数一数好朋友的位置吧。(师:第2列、第3行,你的朋友在哪里? 请学生用位置来回答)

师:哎呀,咱们班级有这么多的同学,一个一个地说可没那么多的时间,咱们还是写在作业纸上吧!请看要求:在纸的正面用数对写出一位好朋友的位置,反面写上这位好朋友的名字。

出示学生写的数对,让大家猜猜他的好朋友。

师:请把你们写的数对给四人小组内的同学看看,让他们猜猜你的好朋友是谁。

(二)掌握运用数对(例2)

1.引入、观察示意图

师:这是我们学校附近的简易图,咱们一起去欣赏一下吧! (课件出示)

师:大家看,你们可以找出邮局的位置吗?

问:现在可以描述这些展馆的位置了吗? (不好描述)

课件出示部分展馆位置的示意图。

(引导学生发现:a.各个建筑都画成一个点,只反映各建筑的位置,不反映其他内容;b.表示各建筑位置的那些点都分散在方格纸竖线和横线的交点上;c.方格纸的竖线从左到右依次标注了0、1、2、……5,横线从下往上标了0、1、2、……5,其中的"0"既是列的起始,也是行的起始;d.这些数正对着横线和竖线。)

2.根据位置写数对

师:现在我们确定了邮局的位置。你们知道(4,3)表示什么意思吗?

问:你们能用数对确定商店、银行、公园的位置吗? (请学生在练习纸上写一写。)

学生汇报,集体反馈。

问:商店的位置我们用(4,1)来表示,那么这个位置还可以用其他的数对来表示吗?

海宝:一个位置只能用一个数对来确定。

3.根据数对找位置

师:如果给你数对,你能确定它所表示的位置吗?

请根据所给数对在刚才的示意图上标出对应位置。

实物投影反馈。

问:这个数对(1,2),除了表示邮局,还可能表示其他的位置吗?

海宝:一个数对只能确定一个位置。

三、巩固练习

师:填一填,这几个动物的位置分别是什么?

四、课堂总结,拓展延伸

1.同学们,这节课你有什么收获吗? (板书课题)

2.五年级(5)班的同学进行队列表演,每组人数相等,小明站在最后一组的最后一个,用数对表示是(8,6),请问他们班有多少人参加了队列表演?

师:聪明能干的同学们,希望你们回去以后能应用我们所学的知识,自己查一查,自己找一找,自己解决你们的问题吧!

（二）制作课件脚本

通过上述的教学设计分析，将内容进行归纳整理，制作一份课件脚本。

（三）制作教学课件

设计好课件脚本后，即可根据脚本制作课件。

步骤 1 制作标题页面，输入标题并添加渐变和映像效果，插入音频文件和控制按钮。添加手动控制多媒体文件播放的动画效果，如图 8-8 所示。

图 8-8 标题页面

步骤 2 制作问题介绍页面，输入相关文字并插入图片，添加自动显示问题和手动控制显示答案的进入动画效果，如图 8-9 所示。

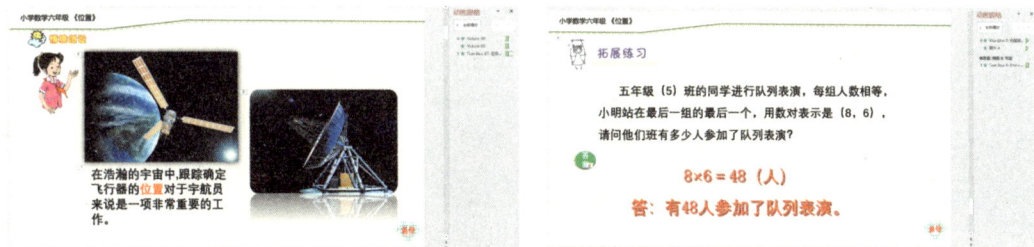

图 8-9 问题介绍页面

步骤 3 制作概念介绍页面，输入相关文字并插入图片，添加单个图片手动控制突出显示的动画效果，如图 8-10 所示。

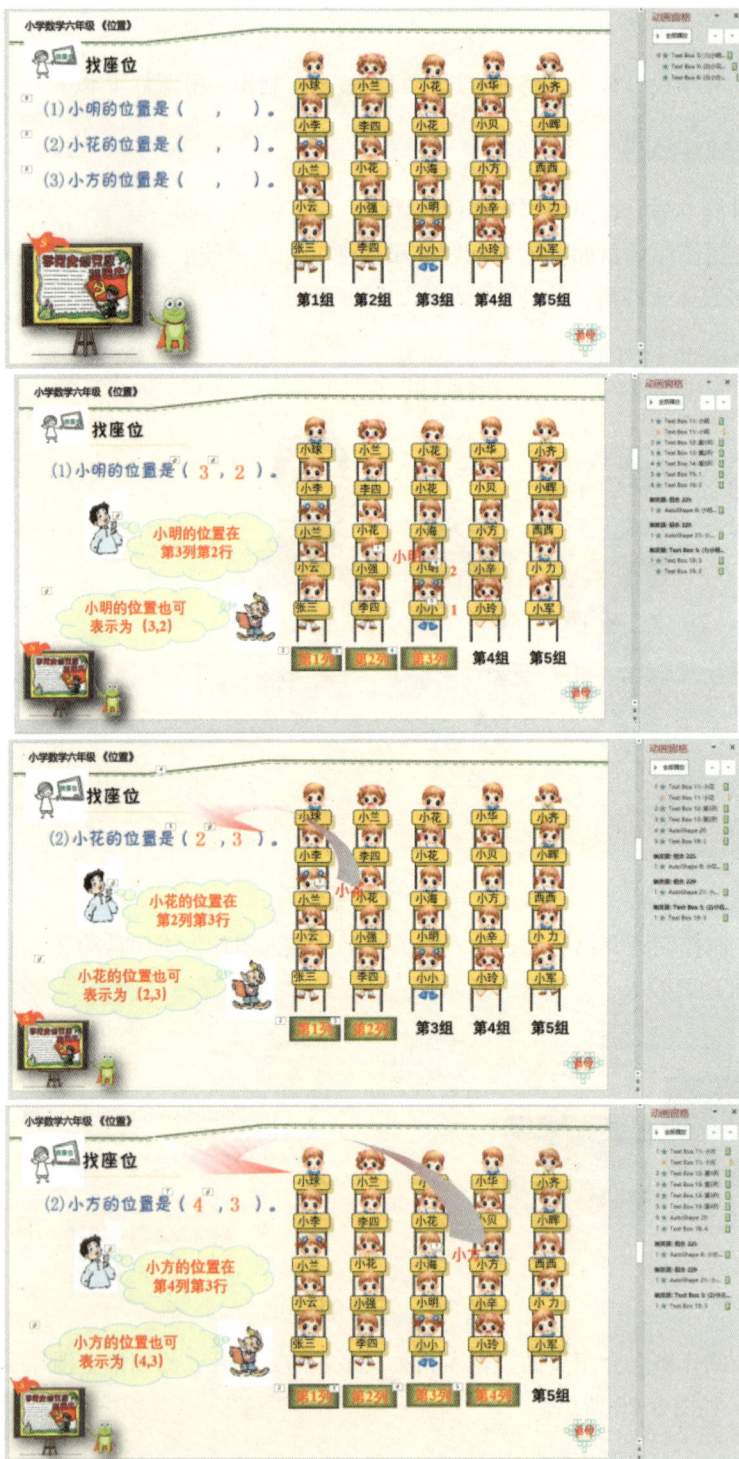

图 8-10　概念介绍页面

步骤 4　制作图解概念页面，插入相关形状制作图解题目，输入相关文字并插入图片，添加单个图片手动控制突出显示的动画效果，如图 8-11 所示。

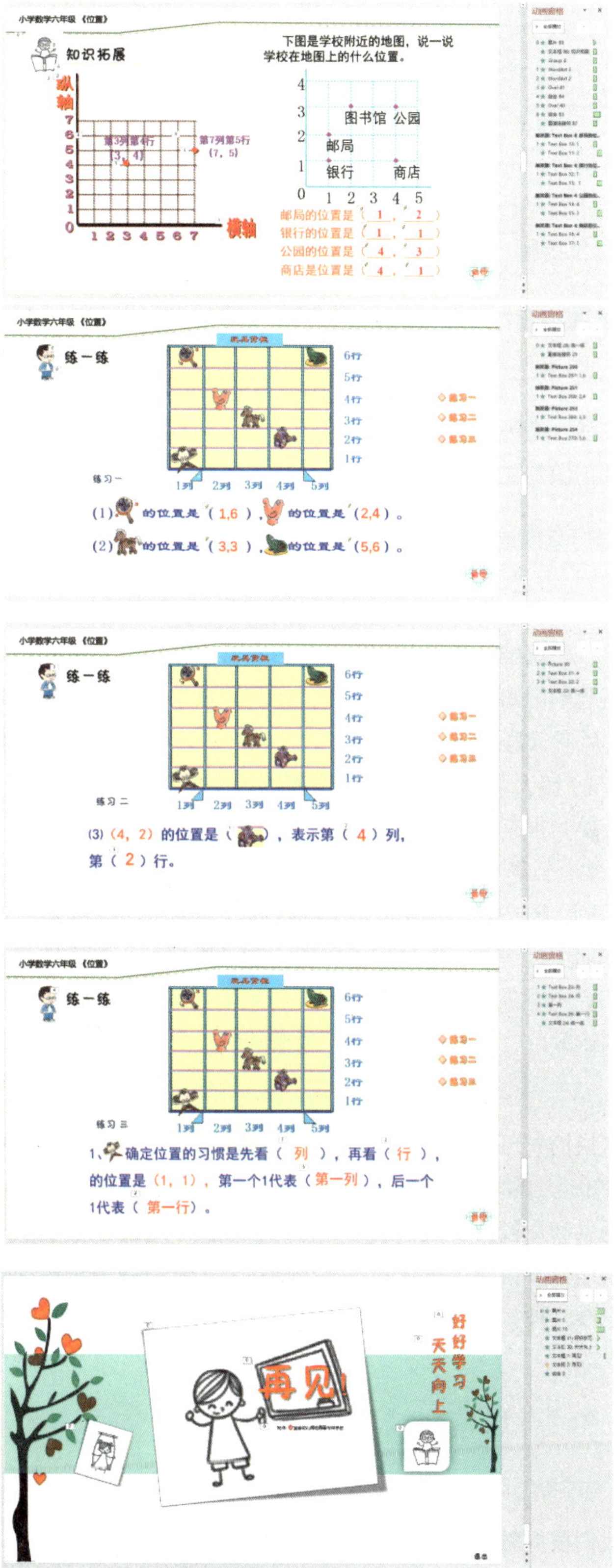
小学数学六年级《位置》
知识拓展
纵轴
横轴
第3列第4行
(3，4)
第7列第5行
(7，5)
下图是学校附近的地图，说一说
学校在地图上的什么位置。
图书馆 公园
邮局
银行 商店
邮局的位置是（1，2）
银行的位置是（1，1）
公园的位置是（4，3）
商店是位置是（4，1）
练一练
6行
5行
4行
3行
2行
1行
1列 2列 3列 4列 5列
练习一
（1）的位置是（1,6），的位置是（2,4）。
（2）的位置是（3,3），的位置是（5,6）。
练习二
(3)（4，2）的位置是（），表示第（4）列，
第（2）行。
练习三
1、确定位置的习惯是先看（列），再看（行），
的位置是（1，1），第一个1代表（第一列），后一个
1代表（第一行）。
再见
好好学习
天天向上

图 8-11　图解概念页面

第四课　项目拓展

幼儿园教育是基础教育的奠基阶段，影响着幼儿身体成长和认知、情感、性格等方面的发展，对于幼儿的成长和发育具有重要意义，并可以为小学教育奠定良好的基础。课件可以增加幼儿接触和学习知识的兴趣，激发幼儿的形象思维。

一、幼儿园课件介绍

幼儿园课件的制作，应符合幼儿的思维能力、接受能力和审美水平。课件应制作得连贯、形象直观、使用性较强、有吸引力。课件能够让教师在活动中轻松启发幼儿思维，让幼儿在活动中愉快地学习，真正做到在玩中学。在制作过程中应注意以下四点。

（一）符合幼儿的形象思维

1. 形象直观

孩子的知识经验少，思维形象具体，但想象力非常丰富，学习时需要某种事物的牵引或适当的刺激。课件正是起到把知识形象化的作用，架起了孩子将知识与客观事物相结合的桥梁。

比如在欣赏诗《风和云彩》时可以这样设计。对于"天上的云彩真有趣，天上的风儿有本事"，画面上对应出现：蓝天草地的背景中，蓝蓝的天空上漂着几朵白云，人物化的风和云儿，在追来追去的嬉闹玩耍，很有情趣。

对儿歌中"吹呀吹，云彩变成小白船，竖起桅杆，扬起风帆，小白船呀漂呀漂，漂到远处看不见"，画面上出现风吹云彩，然后风儿慢慢后退，一朵云彩变成了一只小白船，一朵云彩变成了桅杆竖在小白船上，一朵云彩变成了风帆挂在了桅杆上，然后漂荡着的小白船，渐渐消失在天空中，使孩子完全融入其中。伴随老师带有感情的讲解，和老师抑扬顿挫的朗诵声，幼儿陶醉在这首优美的诗歌里，在轻松、愉快、和谐的气氛中插上了想象的翅膀。

2. 生动有趣

孩子的兴趣来得快消失也快，教师要抓住孩子兴趣的最高点，不失时机地把孩子最感兴趣的"要看，要听，想知道"的东西快速直接地展示在孩子的面前，使孩子的兴趣和思维得以连贯、加深、延续。场景和片段的转换，最好都在三秒以内，不能让孩子有任何的等待，有的地方一秒都不能差，不能像下拉菜单一样一级一级地拉下去又一级一级地返回来，那样孩子的兴趣将消失，孩子的思维将被打断，从而直接影响学习气氛和学习效果，同时也不利于主题的集中、目标的实现。

（二）引起幼儿的注意力

1. 画面清晰，动画连续，色彩逼真，文字醒目

制作课件需要我们根据教学内容进行创意，画面色彩应鲜艳、对比强，动画连续，文字要醒目。教师关注活动设计和课件当中的每个角色、每个场景进行创意。在一个课件的运行当中，

围绕活动目标，至少设置一个或两个使孩子非常感兴趣的片段和场景，作为活动中的亮点或闪光点，来激发孩子的兴趣，加深孩子的印象。所以我们在制作课件时，不只是为了让抽象的教学内容形象易懂，同时还要考虑如何激发起孩子的兴趣，如何把抽象、枯燥的知识融入形象、生动、活泼的课件当中。

2. 实用性强

一个好的课件，必须有极强的实用性。在制作课件的过程中，要注意课件的交互灵活性，也就是课件的可操作性和贯通性。教师要能够根据教学过程的各个具体环节、实际变化需要，把场景或片段及时地展现在孩子们的面前。

例如，在欣赏诗《云彩和风儿》的课件制作当中，教师就可以设置片头、风和云彩、云变小船、云变狮子、云变胖娃娃、老师朗诵、欣赏、结尾等几个场景。各个场景的按钮从片头到结尾，一直贯穿，这样老师就能在教学过程当中，根据课程进展随意转换，把孩子们不懂的地方、理解不深的场景片段，反复操作，反复播放。同时也可以让孩子自己操作，选择自己喜欢的场景和片段进行朗诵和表演。

（三）符合幼儿思维的连贯性

1. 操作简单、可重复播放，快慢适度、交互设计合理、跳转简捷

一个具备良好衔接性的课件，能充分调动幼儿的积极性，满足幼儿的好奇心和成就感。这种衔接性不仅是指课件片段、场景、内容本身的衔接，还包括与教师配合的衔接。在课件的制作当中，要留有课件与教师的衔接接口，以便教师能够"借题发挥"，使教学过程中的各个环节紧紧相扣，使幼儿将注意力自然而然地从课件当中转移到教师身上，兴趣得以发挥和延续。

2.内容科学，表述和引用准确

幼儿教育是启蒙教育，课件教学又是孩子们非常喜欢的一种教学方式，课件当中的事物、景象、动物和人物直接影响着孩子。所以在课件制作当中要认真负责，特别是在自然科学方面，更要给孩子以真实感。取材方面，力争接近自然，接近真实。

（四）符合幼儿审美的趋向

1. 画面简洁，有艺术性，整体统一

背景画面以简洁为好，产生过于绚丽的背景、热闹的场面都可能在课堂上分散孩子注意力、削弱活动主题和目标，产生负面作用。所以在片段场景中，对主题无关的事物还是隐去为好，这样更能集中孩子们的注意力，突出主题。课件只是教学活动的一种辅助工具，绝对不能代替老师的教和孩子的学。如在《云彩和风儿》中，除了背景音乐、老师朗诵配音音乐和欣赏诗朗诵以外，整个课件只有一声狮子吼，把声音全部留给了老师和孩子。

2. 语言文字规范，字形、字体、字号要易于辨识

课件的文字不是越多越好，过多的文字会使画面失去魅力，使学生厌烦，所以文字内容应力求简明扼要，突出重点。对那些实在舍不去的文字材料，可以以热字、热区的交互形式呈现，阅读完后可自行消失。文字的属性要与界面的整体风格、文字所表达的主题内容和谐统一，庄

重的标题用粗黑体，与历史有关的内容用魏碑体，一般的内容用宋体；文字与背景的色彩对比要明显，文字颜色以亮色为主，背景颜色以暗色为主。语言要通俗易懂，多设计提问并给予及时的鼓励，解说要抑扬顿挫、节奏舒缓有度。音乐要选择孩子喜爱的曲目。音响的模拟声要真实自然，使孩子产生身临其境的感觉，吸引和保持其注意力。

二、幼儿园课件制作案例

下面，我们使用PowerPoint 2016制作一个幼儿园课程的教学课件，以《开学第一课》为例。

（一）分析教学设计

我们先来了解一下该课程的教学设计，对课件进行初步分析。案例教学设计见表8-3。

表8-3 案例教学设计

【课件主题】 《开学第一课》 **【活动目标】** （1）认识班集体，认识学校。 （2）认识遵守纪律、讲究卫生、懂礼貌的重要性。 **【活动重点】** 迅速地融入集体，培养纪律、卫生、礼貌的好习惯。 **【活动难点】** 通过实验操作，感知幼儿的生活习性。 **【活动准备】** （1）关于洗手步骤的视频。 （2）快速互相认识的小游戏。 **【活动过程】** **一、班级介绍** 提问：我们的学校叫什么名字？我们是哪个班级？我们班有多少个人？ 1.让大家数一数班级的人数，其中女生有多少人，男生有多少人。 2.认识本班的老师，知道他们的姓名和联系方式。 3.我们的上课时间安排。 4.学习学生的日常规范。 **二、守纪律** 1.学习学校的纪律要求。 2.模拟上课、下课、休息、早操等情况下，讲授学生的纪律规范。 3.举手发言和升国旗的纪律规范。 4.强调校园安全和校内安全。 **三、懂礼貌** 讨论：我们每天上学离开家门的时候有没有和父母打招呼？回家后是如何跟父母打招呼的？ 1.在家的礼貌。 2.在学校的礼貌。 3.在校外的礼貌。

四、讲卫生

1.做好垃圾分类。

2.讨论：如何保持良好的个人卫生习惯。

五、好习惯

1.正确的坐姿。

2.正确的握笔姿势。

3.完成作业的习惯。

【教学反思】

幼儿园的环境关系孩子的健康和安全的。教师应与孩子共同创设相应的物质环境，对孩子进行直观、形象而又综合的教育。良好的行为习惯与自我保护能力是紧密结合的。小班刚进入幼儿园，孩子年龄小，一些常规的纪律还不能形成习惯。小班孩子好奇心强、好动、随心所欲，而且不知深浅，常常趁老师不注意玩一些危险物品、做一些危险的事或到一些不安全的地方玩。但教师不能因为这些就限制孩子的活动。虽然他们年龄小，但他们也需要不断地获取经验，在生活中去不断地探索和反思。在与环境进行交互作用之后从而获得相应的信息、感受。教师要在每日活动中，仔细观察孩子的一举一动，利用各种教育活动，提高孩子的能力和意识。

（二）制作课件脚本

通过上述教学设计分析，将内容进行归纳整理，制作一份课件脚本。

（三）制作教学课件

设计好课件脚本后，即可根据脚本制作课件，如图8-3所示。

步骤1 制作好PPT母版，设置背景格式及几种图文排版样式。

步骤2 制作首页内容，输入相关文字、插入图片并调整位置使其美观。添加自动显示标题和左首太阳图片突出显示的动画效果，如图8-12所示。

图8-12 首页

步骤3 制作目录页面，输入相关文字、插入图片并裁剪调整位置使其美观。为目录文字添加Smartart效果。添加自动显示目录标题、目录内容逐条显示，以及右边太阳图片突出显示的动画效果，如图 8-13 所示。

图 8-13　目录页面

步骤 4　制作标题页面，效果同第 2 步操作，如图 8-14 所示。

图 8-14　标题页面

步骤 5　制作班级介绍页面，并添加单击鼠标显示要点内容的动画效果，如图 8-15 所示。

图 8-15　班级介绍页面

步骤6 制作时间表页面和日常规范页面，输入相关文字并制作渐变色效果。图 8-16 所示。

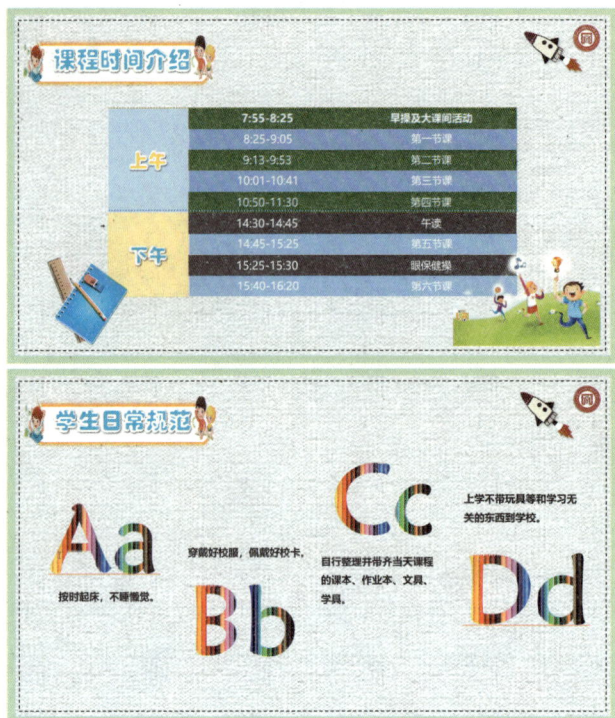

图 8-16　时间表页面和日常规范页面

步骤 7　制作守纪律页面，输入相关文字、插入图片并裁剪调整位置使其美观。添加逐条自动显示和标题突出显示的动画效果，如图 8-17 所示。

遵守纪律

07
学习： 各门功课要学好，遵守纪律最重要；预习复习要自觉，环环扣紧才生效。

08
作业： 审清题意独立做，格式规范不抄袭；簿本整洁字端正，保质保量按时交。

09
活动： 科技文体热情高，体魄健壮素质好；思想觉悟要提高，班队活动少不了。

10
生活： 爱惜粮食要记牢，节约水电少浪费；服从管理加自理，遵守纪律觉悟高。

11
晚休： 值日卫生勤打扫，按时离班关门窗；秩序排队回宿舍，安静洗刷不打闹。

12
目标： 班级公约牢记心，行为规范常对照；同学之间勤勉励，道德情操修养好。

举手发言

发言

右手自然举起，五指并拢向上举直。站起时斜跨站起，不要把椅子推弄得响。

倾听

老师讲话，眼睛看着老师；老师写字，眼睛看着黑板；同学发言，认真听并看黑板；读书时，眼睛看着书本。

升国旗事项

- 国旗红，真美丽，五颗星，亮晶晶。
- 爱祖国，不忘记，对国旗，行个礼。
- 身子正，要挺直，头上帽，要摘去。
- 不说话，不打闹，唱国歌，声洪亮

行为规范

1. 第二节课下课音乐响后，当堂课老师督促同学做眼操。
2. 做眼保健操要闭眼，不讲话，按节拍做。

图 8-17 纪律页面

步骤8 制作"懂礼貌"页面，输入相关文字、插入图片并裁剪调整位置使其美观。为列表文字添加Smartart效果。添加自动显示标题、列表内容逐条显示，以及儿童图片突出显示的动画效果，如图 8-18 所示。

图 8-18　懂礼貌页面

步骤9　制作讲卫生页面，利用Smartart排版文字，并利用对齐效果对齐洗手步骤一页的多图，使页面美观。添加自动显示标题、文字内容逐条显示的动画效果，如图 8-19 所示。

04 讲卫生

讲卫生

- 果皮箱，嘴大张，纸屑废品扔进箱。
- 教室里，楼道旁，随地吐痰不健康。
- 好习惯，要养成，美好环境大家创。

讲卫生

1. 做好个人卫生，早晚要漱口刷牙；饭前便后要洗手；勤剪指甲，勤洗头；勤洗澡，勤换衣服；不暴饮暴食，不挑食；男生不留长发。

2. 做好公共卫生：吐痰入盂，不乱扔果皮纸屑；发现学校教室和活动场所的果皮纸屑主动拾捡；爱护厕所卫生，不乱解大小便；打扫卫生，先洒水后扫地，桌凳洁净整齐；门窗灯具无尘；卫生工具整齐摆放在指定地点。

讲卫生

洗手的步骤

洗手步骤

图8-19　讲卫生页面

步骤 10　制作好习惯页面，输入相关文字、插入图片并裁剪调整位置使其美观，如图 8-20 所示。

图 8-20　好习惯页面

微 实 践

一、填空题

1. 在语文多媒体教学中应充分利用多媒体课件所特有的_____、_____、_____的优势。

2. 数学课程的特点是逻辑思维很强，特别是几何及概念课含有大量的图形、图标，使用多媒体课件拥有的_____、_____、_____等优势资源，借助信息技术展示事物的运动变化过程，能起到突出重点、分散难点的作用。

3. 在制作幼儿课程多媒体课件的时候，应当把握_____并且_____的特点，以符合幼儿思维的连贯性。

二、综合实训题

自定义制作一套幼儿数学课程的课件，要求画面吸引幼儿眼球，清晰地表现出基本的数学概念。参考样式如图 8-21 所示。

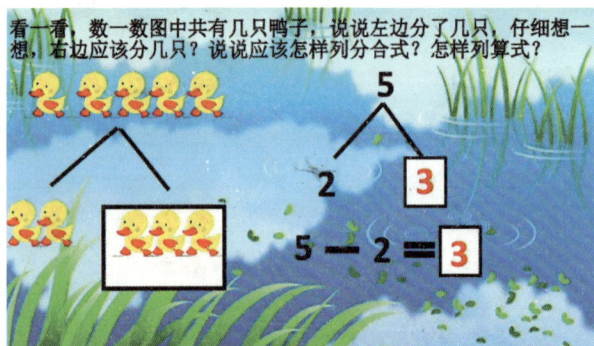

图 8-21　幼儿数学课

扫一扫 学一学　　　微实践-答案

参考文献

［1］　王荣桂.体验PPT 2016 的文字特效［J］.电脑知识与技术(经验技巧),2017（4）:45-46.

［2］　洪东忍.借助PPT2016 最新功能提高课件制作效率［J］.科技创新导报,2017（23）:256-257.

［3］　向瑜.PowerPoint课件制作的设计原则和实用技巧［J］.信息与电脑（理论版）,2020（22）:158-160.

［4］　杨仕青.基于PPT课件的微课设计与制作［J］.电脑知识与技术,2020（14）:236-237.

［5］　张丽娟.高校PPT课件制作及应用问题分析与对策［J］.电脑知识与技术,2019（22）:213-215.

［6］　宋颖丽.SmartArt助力PPT页面排版［J］.电脑知识与技术（经验技巧）,2018（7）:46-47.

［7］　王文娟,孙慧贤,郭宝锋,等.高校课堂教学中多媒体课件的设计［J］.中国教育技术装备,2020（8）:67-69.

［8］　杨旺强.浅谈多媒体教学课件的设计思想与制作中应注意的问题［J］.科技资讯,2020（10）:114-115.

［9］　张荣焱.PowerPoint教学课件优化与设计［J］.信息与电脑（理论版）,2020（5）:252-254.

［10］　施道丽.浅析使用PowerPoint进行多媒体课件的制作方法［J］.科学技术创新,2020（1）:88-89.

［11］　李敏.小学数学PowerPoint课件的制作和应用［J］.中国教育技术装备,2019（05）:57-58,64.

［12］　张彩鸿.小学语文多媒体课件教学的利与弊［J］.西部素质教育,2018（17）:135-136.

［13］　阮文,李德尧.突破教学课件制作中的几个误区［J］.电脑与电信,2018（8）:9-11,31.

［14］　孙培锋.浅析多媒体课件设计与制作［J］.艺术科技,2017（10）:391.

［15］　隋春荣,宋清阁.多媒体课件设计与制作［M］.2 版.北京:人民邮电出版社,2016.

［16］　STEPHEN MORIA.Power Point 2000 Made Simple［M］.Routledge,2017.